Chris

Himmlische Zeit

Christine Brunnsteiner

Himmlische Zeit

Ein Weihnachtsbuch

:STYRIA

© 2004 by Verlag Styria
in der Styria Pichler Verlag GmbH & Co KG, Graz – Wien
www. styriapichler.at

Umschlaggestaltung: Bruno Wegscheider, Wien
Grafische Innengestaltung: Andrea Malek, Malanda-Buchdesign, Graz
Druck und Bindung: Druckerei Theiss GmbH, 9431 St. Stefan im Lavanttal
ISBN 3-222-13153-8

Inhaltsverzeichnis

Wie dieses Buch entstand ...

Es ist ein wunderbarer wolkenloser Tag im Mai. Zum ersten Mal nach beinahe sechs Wintermonaten ist die Hoffnung berechtigt, dass nun doch endlich der Frühling Einzug hält.

Leicht bekleidete, sonnenhungrige Spaziergänger ziehen an unserem Garten vorbei, das Leben scheint heute einen unbeschwerten, heiteren Gang zu haben.

Ich sitze auf der Terrasse, schließe die Augen und träume vor mich hin.

„Woran denkst du?" fragt der Mann an meiner Seite.

„An Weihnachten."

„An Weihnachten???"

„An Weihnachten und an den Advent. Und an ein Buch."

„Was soll ich nur mit dir machen?" Er schüttelt den Kopf und geht den Rasen mähen. Zum ersten Mal in diesem Jahr.

Es ist warm, die Vögel singen und die Pollen fliegen. Er niest mindestens zweihundert Mal.

Ich denke inzwischen an Weihnachten, für mich jedes Jahr wieder eine himmlische Zeit. Himmlische Zeit. Genauso soll das Buch heißen, das im Entstehen ist.

Darin soll all das zu finden sein, was mir im Advent viel bedeutet: Gedichte und Geschichten, Rezepte für kleine Bäckereien und gegen die große Hektik, Gedanken, die über den Alltag hinaus unsere Seele berühren. Kurz gesagt, es soll ein Buch für alle Sinne werden. Eines zum Herzerwärmen in einer nur äußerlich kalten Zeit.

Ich beginne damit an einem sonnigen Nachmittag im Mai.

1. Woche

Zeit der Einstimmung

Ein paar Nüsse aufschlagen
Durch den verschneiten Winterwald gehen
Innehalten
Gemeinsam den Sternen lauschen

Advent, Zeit der Sehnsucht ...

„Alles beginnt mit der Sehnsucht", sagt die jüdische Schrift-
stellerin Nelly Sachs. Wie Recht sie doch hat. Alles beginnt
mit der Sehnsucht, die Liebe, ja das Leben selbst.

Sich nach etwas sehnen, etwas suchen oder nach etwas süchtig
sein – alle diese Begriffe stecken im Wort Sehnsucht.

Wenn man fragt, warum sich auch heute noch so viele Menschen
jedes Jahr von neuem auf den Advent und die Weihnachtszeit
freuen, so sagen die meisten, weil sie in dieser Zeit wieder das fühlen können, was sie als Kinder gefühlt haben. Weil ihre Sehnsucht
nach Geborgenheit und Wärme sie auf Weihnachten zuführt, sie
ihr Herz öffnen können.

Sehnsucht haben, das bedeutet, etwas haben zu wollen, das
nichts mit materiellem Wert zu tun hat. Sehnsucht hat man nach
Heimat, nach Zärtlichkeit, nach einem geliebten Menschen, nach
Wärme und Güte. Der Begriff Sehnsucht ist für die meisten von
uns untrennbar mit der Kindheit und dadurch mit den Erinnerungen an längst vergangene Weihnachten verbunden.

Auch durch und durch praktisch denkende Menschen gestatten
sich in der Adventzeit, ihrer Sehnsucht zu folgen, schmücken
Wohnungen und Häuser, zünden Kerzen an, genießen die Be-
haglichkeit eines Winterabends am Kamin, werden romantisch,
mitunter sogar melancholisch.

Meine Sehnsucht geht weit über die „Kachelofenromantik" hinaus. Ich suche nicht nur besinnliche Stunden bei Kerzenschein,
ich gehe auf die Suche nach meinen Träumen, sehe nach, was

sich erfüllt hat und was mir verloren gegangen ist. Welche Hoffnungen haben sich erfüllt, welche habe ich enttäuscht?

Der Sehnsucht folgen heißt für mich auch Vergessenem nachspüren, Geplantes überdenken, mein Leben wieder einmal auf den Prüfstand stellen und Zwischenbilanz ziehen. Was ist übrig geblieben von den Vorsätzen und vor allem: Ist mein Leben noch stimmig, oder haben sich die Werte längst verschoben?

Lassen Sie solche Gedanken zu, stellen Sie sich ihnen, vor allem in der Vorweihnachtszeit, die uns alle sensibler macht, auch offener den anderen gegenüber.

Vielleicht liegt das auch am Wunsch jedes Menschen, doch irgendwann der zu werden, der er gern wäre: der Geduldige, der Liebevolle, der Gelassene oder der Weise.

Im Advent der ureigenen Sehnsucht folgen, trotz Hektik und Betriebsamkeit, das ist immer noch möglich.

Der äußere Ablauf ist vorgegeben: Einkäufe erledigen, Vorbereitungen treffen, das Weihnachtsmenü bestellen oder selber zubereiten, die Bäckereien rechtzeitig fertig stellen, die Tickets für den Flug in die Sonne abholen, den Baum besorgen und so weiter.

Selbst wenn alles glatt geht und wir die Zeit vor dem Fest gut im Griff haben, bleibt ein Raum in uns, den wir nicht durch das Erledigen äußerlicher Pflichten ausfüllen und uns damit zufrieden stellen können.

Der Raum, in dem die Sehnsucht wohnt nach dem wirklichen, ehrlichen Fest, nach dem wirklichen, ehrlichen Leben.

In der Art, wie wir die Adventzeit begehen und Weihnachten feiern, spiegelt sich unsere Art zu leben.

Nehme ich mir die Zeit, um ruhig zu werden? Ertrage ich das Alleinsein, die Stille, oder brauche ich immer Menschen und Ablenkung um mich? Ablenkung von meinem Leben, von mir selbst?

Kann ich die Tatsache, in materieller Sicherheit zu leben, überhaupt noch schätzen, oder brauche ich immer mehr, um einigermaßen zufrieden zu sein? Ist das ausgelassene Feiern und Schlemmen schon so laut und übermächtig geworden, dass ich die Stimme meiner Sehnsucht gar nicht mehr hören kann?

Im Advent ein Licht anzünden und auf dem Weihnachtsbaum die Kerzen erstrahlen lassen, kann viel mehr sein als ein lieb gewordener Brauch.

Es kann uns Wegweiser zu einer neuen Qualität dieser Zeit werden, in der die Kerzen mehr erleuchten als unsere Wohnzimmer und die Sterne nicht nur als Schmuck im Fenster glänzen, sondern zum Symbol für die Überwindung von Enge und Beschränktheit unseres Daseins werden.

Ich liebe die Sterne, die uns kleinen Menschenkindern eine Ahnung davon geben, wie groß das Universum ist, und die für mich das Vergangene und Zukünftige auf wunderbare Weise vereinen.

Deshalb spielen sie in meinen Geschichten, Gedichten und Märchen eine wichtige Rolle. Davon aber später.

Betrachten wir zunächst den Anfang des Advents, der ja oft schon in die letzte Novemberwoche fällt. In diesen meist sehr unfreundlichen, nassen und kalten Tagen beginnen die Vorbereitungen für die „himmlische Zeit".

 Der kalte Nordwind treibt mich durch die Straßen,
das Jahr ist alt.
So viel verschenkte Tage liegen hinter mir.
Doch dann – der erste Schnee,
der Duft von Zimt und Mandelbrot.

Wie lange ist das her, dass ich Christkindlbriefe schrieb?
Ein Jahr? Ein Leben?
Nur eines ist gewiss: Ich tauche wieder ein
und spüre Kindheitsglück –
himmlische Zeit ...

Christine Brunnsteiner

Ein grüner Kranz, der Kerzen trägt…

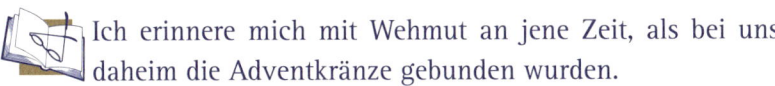

Ich erinnere mich mit Wehmut an jene Zeit, als bei uns daheim die Adventkränze gebunden wurden.

Mit Wehmut, weil diese Tage der unbeschwerten Kindheit schon so lang vorbei sind, aber auch, weil es mir später als Erwachsene nie gelungen ist, so schöne runde Kränze zu binden, wie meine Mutter und Großmutter das taten.

Mein Onkel, damals noch aktiver Förster, hat uns alljährlich mit Reisig versorgt, und dieser Duft nach Harz und Tannennadeln war für mich immer die erste sinnliche Wahrnehmung der Vorweihnachtszeit.

Dieses unübertreffliche Aroma durchzog das ganze Haus, ausgehend von jenem Raum, in dem mit viel Geschick ein Zweig um den anderen mit Draht an den eisernen Ring gebunden wurde. Es sah ganz einfach aus – war es aber nicht, wie ich viel später feststellen musste.

Nicht nur handwerkliches Geschick ist beim Kranzbinden gefragt. Auch Ruhe, Geduld und Achtsamkeit braucht man, um einen Kranz rund werden zu lassen.

Ist man hektisch, nervös und „unrund", wird es auch der Kranz.

In den letzten Wochen des Jahres einen immergrünen Kranz zu binden, bedeutet nicht nur, ein Ritual zu erfüllen, das zum Advent einfach dazugehört, man schafft auch ein Symbol für die Vollendung dieser Spanne Zeit.

Mit dem Kranz rundet sich auch ein Jahr unseres Lebens.

Was ist uns verloren gegangen, und was haben wir geschenkt bekommen in diesem Jahr? Sind wir uns selber näher gekommen in diesem Jahr, oder haben wir wieder Ideale und Träume aufgegeben?

Diese Gedanken passen gut zur Arbeit des Kranzbindens, die so zu einer vorweihnachtlichen Meditation wird. Und Meditation braucht keine Sprache.

Sie lässt aber andererseits auch alle Sprachen zu, wie zum Beispiel jene des Herzens, die Mundart.

Da Adventkranz

Draußt is' recht kalt, s' Jahr find' sei End,
a scheane Zeit is' da Advent,
dazua g'hörn Keks und Kerznglanz,
auf unserm Tisch a greaner Kranz.

Des Kranzlbindn is net leicht,
du brauchst a G'schick' und Zeit an Eicht,
a frisches Grass, an festn Draht,
an eisern Ring, groß wia a Rad.

Du bindst bedächtig Zweig um Zweig,
manchs Mal is' recht a sperrigs Zeig,
und bei der Arbeit fallt's da ein,
in so an Kranz is' manches drein.

Sand Astln dicht und voller Saft,
da siachst den Bam in seiner Kraft,
danebn die kloan, die Nadln dürr,
s' is wia ba d' Leut, so denkst bei dir.

Ban Kranzl aber merkst is schou,
es kimmt net nur auf d' Großn ou,
da brauchst a d' Kloanen in dein Bund,
sonst wird's net gleichmässig und rund.

In unserm Leben is' grad a so ...
denkst da – und zündst a Liachtl o.

Christine Brunnsteiner

Auch die Gestaltung der Adventkränze unterliegt Jahr für Jahr mehr der Mode, und es gibt Menschen, die lieber gar keinen Adventkranz haben, als einen zu nehmen, der farblich nicht zu den Wohnzimmermöbeln passt.

Wer glaubt, der Adventkranz entstamme einer christlichen Tradition, irrt. Er geht vielmehr auf einen Ringzauber der Germanen zurück, ist also aus einem heidnischen Brauch entstanden.

Die Germanen glaubten, das rund geflochtene Grün könne Unheil und böse Mächte abwehren, besonders, wenn es mit roten und goldenen Bändern, den Symbolfarben für Leben und Licht, umwunden war.

Der „Erfinder" unseres heutigen Adventkranzes war übrigens ein evangelischer Theologe, Leiter einer Erziehungsanstalt in Hamburg. Johann Heinrich Wichern wollte seinen Schützlingen eine Freude bereiten und ließ einen Holzring drechseln, den er mit Tannenzweigen schmückte. Darauf brannten jeweils so viele Kerzen, wie Adventtage vergangen waren. Das war im Jahr 1860.

Nach dem Ersten Weltkrieg kam dann jener Kranz „in Mode", der wie unsere heutigen Adventkränze nur mehr vier Kerzen trägt.

Die Kränze mit mehr als nur Kerzen zu schmücken, ist sozusagen eine „Zivilisationserscheinung", vielfach wollte und will man dadurch auch kundtun, dass man sich teuren Schmuck wie Glaskugeln oder Seidenblumen und Brokatbänder leisten kann.

Dabei muss wirklich edler und dezenter Schmuck für den Adventkranz und Gestecke nicht teuer sein.

Den schönsten findet man in der Natur. Ich sammle Ende November trockene und abgeblühte Stauden, die an allen Waldrändern zu finden sind. Bei langen Spaziergängen, vorzugsweise auch durch den spätherbstlichen Nebel bei uns in der südlichen Steiermark, finde ich alles, was ich zur Dekoration des Kranzes und sämtlicher Weihnachtsgestecke brauche.

Die unansehnlichen braunen Stauden besprühe ich mit Gold- oder Silberfarbe, Sträucher mit Beeren lasse ich „natur".

Mit Tannenzweigen in große Körbe oder Blumentöpfe gesteckt, ergibt das festliche, aber keineswegs kitschige oder pompöse Gestecke, die vor allem im Freien, in den winterlich verwaisten Blumenkisten auf dem Balkon, bis weit ins neue Jahr hinein schön bleiben.

Besonders hübsch sieht es aus, wenn Schnee auf den teils goldenen, teils tannengrünen Zweigen liegt – eine wahre Augenweide.

Meinem schlichten Adventkranz mit honigfarbenen oder roten Kerzen geben kleine, vergoldete Blütenstände eine festliche Note. Sie sind nicht nur schön anzuschauen, sondern auch Zeugnis dafür, dass die Natur zu jeder Zeit Wertvolles zu bieten hat und es nur darauf ankommt, ob wir noch Augen haben, um es zu sehen.

Zeit der heiligen Frauen ...

Der vierte Dezember ist der Tag der heiligen Barbara. Sie ist eine der Vierzehn Nothelfer und wird von vielerlei Bittenden angerufen. Bauern bitten sie um Abwendung von Blitzschlag und Feuer, sie ist Schutzheilige der Baumeister, der Hutmacher, der Waffenschmiede und der Glöckner.

Vor allem aber ist Barbara die Beschützerin der Bergleute, die an ihrem Ehrentag für sie im Stollen ein Licht brennen lassen, als Bitte um einen friedvollen Tod. Mit großen Feiern, wie zum Beispiel der festlichen Mettenschicht im Barbarastollen des Erzberges, wird nicht nur für ein gutes, unfallfreies Arbeitsjahr gedankt, hier wird auch eine jahrhundertelange Tradition gepflegt, die den Bergmannsstand auch heute noch auszeichnet.

Zu Beginn des vorigen Jahrhunderts, als mein Urgroßvater härteste Arbeit „unter Tag" leisten musste und Unfall- oder Krankenversicherungen so gut wie unbekannt waren, galt es, der heiligen Barbara sein Geschick anzuvertrauen. Der Glaube an sie und ihre Hilfe waren auch notwendig, um die Angst vor der Gefahr und ihre oft Existenzen zerstörenden Folgen bewältigen zu können.

Vertrauen auf den Schutz von oben, sich angenommen und begleitet fühlen, das war lange Zeit Grundlage des bergmännischen Lebens.

Diese starken und vom Leben nicht verwöhnten Menschen hatten uns einiges voraus: das Wissen um die irdische Begrenztheit, das

uns im Machbarkeitswahn der modernen Zeit mit all ihren technischen Möglichkeiten längst verloren gegangen ist.

Auch wenn wir durch die Fortschritte in Medizin und Forschung heute weniger Lebensängste haben müssen als unsere Vorfahren, spricht die Tatsache, dass immer mehr Menschen voll Unsicherheit in die Zukunft schauen, keinen Halt und kaum noch Hoffnung haben, eine klare Sprache. Unsere Welt ist nicht sicherer geworden, im Gegenteil, die Art der Gefahren hat sich vervielfacht. Die meisten vermögen wir mit unserem begrenzten Denken gar nicht mehr einzuschätzen. Heilsprediger, Wunderheiler und Wahrsager sind gut im Geschäft. Die Sehnsucht nach einer Hilfe von „oben", nach Halt und Sicherheit, nach einer „heiligen Barbara", die uns über die Stufen und durch die oft unwegsamen Stollen des Lebens begleitet, ist allgegenwärtig und nur zu verständlich. Sind wir doch alle so etwas wie Bergleute, die mit mehr oder weniger geeigneten Werkzeugen versuchen, den Weg zum Licht zu finden. Manchmal geht es mühsam, dann wieder mit leichter Hand und voll Zuversicht. Wir sollten uns nur nicht vorgaukeln, dass wir allein es sind, die den Lauf der Dinge bestimmen.

Mit Achtsamkeit, Geduld und Hoffnung steht jener Brauch in Verbindung, der am Barbaratag von vielen Menschen gepflegt wird. An jenem Tag werden Forsythien oder Kirschzweige vom Baum geschnitten. Über Nacht sollen sie in handwarmes Wasser gelegt und am nächsten Tag in einer Vase ans Fenster gestellt

werden. Die Stiele sollten eingeschnitten werden, damit die Zweige genügend Wasser saugen können, noch wirksamer ist es, die Zweige am Schnittende mit einem Hammer leicht aufzuklopfen, so dass sich die Fasern des Stieles fächerartig aufspalten. Dieser Tipp gilt für alle Gehölze und lässt im Frühjahr auch den Flieder, der sich bekanntlich in der Vase nicht sehr gut hält, länger blühen und duften.

Aber wieder zurück zu den Barbarazweigen. Wenn man ihnen einen guten Platz und jeden zweiten Tag frisches Wasser gibt, sollten die Zweige zu Weihnachten aufblühen, aus den zur Schnittzeit kleinen Knospen dann strahlende Blüten geworden sein. Zu Beginn des letzten Jahrhunderts entstand der Brauch, aus dem pünktlichen Erblühen am Heiligen Abend ein Zeichen dafür abzulesen, dass im folgenden Jahr eine Hochzeit bevorstehen würde. Eine romantische Vorstellung, die sich ganz sicher auch ab und zu erfüllt hat. Für mich sind die Barbarazweige ein Sinnbild für den Advent schlechthin. Auf ihr Erwachen, Reifen und Erblühen müssen wir warten.

Warten und Geduldig-Sein hat in unserer schnelllebigen Zeit einen eher untergeordneten Stellenwert. Alles wollen wir sofort erledigen, sofort haben und verbrauchen, gierig und unersättlich. Dennoch stellt sich kaum Zufriedenheit ein, denn je schneller und maßloser konsumiert wird, desto größer ist die Leere danach.

„Gut Ding braucht Weile" drückt aus, was wir im Laufe unseres Lebens mühevoll lernen müssen: einfach warten. Im Vertrauen

auf die Zeit, darauf, dass sich vieles von selbst fügt und findet. Ob unsere Barbarazweige blühen werden oder nicht, liegt nicht in unserer Hand. Wir können nur die Voraussetzungen schaffen und darauf hoffen.

In Wahrheit bleibt die Blüte ein Geschenk. Martha Wölger hat das Erblühen eines Zweiges noch anders gedeutet. Als Zeichen für das „Erwählt-Sein" eines einfachen Zimmermannes.

A Bleamerl blüaht ...

Tog und Nocht, Sunn und Stern,
blüahn und Frucht trogn, zeiti wern,
Joahr um Joahr vergeht.
Ausn Kind wird die Braut
wird an Monn bold anvertraut –
so wias gschriebn steht.

Junge Braut, frogst nit viel.
Tuast, wia Gsetz und Brauchtum will –
's Herz ghört unsern Herrn.
Olls schickt ER, wos a kimmt.
Und wos oans in Demuat nimmt,
wird zan Segn wern.

Siebn Burschn, wias da Brauch,
hom siebn Astl va oan Strauch
vorn Oltoar hintan.
Oana treibt, sechs wern dürr.
Josef, deiner hot goar Blüah,
 junger Zimmermann!

Martha Wölger

25

 Der Barbaratag ist übrigens auch ein Lostag, und das Wetter am 4. Dezember soll viel über die Ernte des kommenden Jahres aussagen.

In der Bauernregel heißt es:
Sankt Barbara kalt und mit Schnee,
verspricht viel Korn auf jeder Höh'.

Der folgende Spruch weist bereits auf die zweite „heilige Frau" im Dezember hin:
Wenn zu Barbara die Sonne weicht,
auf Luzia sie wieder zu uns schleicht.

Das Fest der heiligen Luzia, der Lichtträgerin, wird am 13. Dezember gefeiert. Luzia stammte aus Syrakus und erlitt unter Kaiser Diokletian den Märtyrertod, weil sie sich zum Christentum bekannt hatte.
Sie wird mit einem Schwert und zwei Augen auf einer Schüssel dargestellt, damit soll symbolisiert werden, dass sie Licht in dunkle Seelen bringt.

Luzia ist die Schutzpatronin aller Menschen, die Berufe haben, bei denen man die Augen besonders anstrengen muss, wie bei

der Arbeit der Näherinnen, Stickerinnen, der Schützen, der Kutscher und der Glaser. In den nordischen Ländern, vor allem in Schweden, wird Luzia zu Ehren am 13. Dezember ein Lichterfest gefeiert.
Wer einmal um diese Zeit im Norden war und unter dem Lichtmangel gelitten hat – die Sonne lässt sich, vor allem nördlich des Polarkreises, um diese Jahreszeit überhaupt nicht mehr sehen –, der wird verstehen, mit wie viel Freude Luzia von den Menschen dort gefeiert wird, werden doch die Tage nach dem 13. wenn auch kaum spürbar, endlich wieder länger.

Mädchen mit Kränzen, auf denen brennende Kerzen stecken, weisen auf die Lichtträgerin hin. Auch meine kleine Enkelin, die hoch im Norden lebt, trägt ganz stolz ihren „Luzienkranz".

Die Tage zählen ...

Wie lang dauert es noch bis zum Wiedersehen mit einem lieben Menschen, bis zum Ferienbeginn, bis zur Hochzeit oder bis zur lang ersehnten Geburt des ersten Kindes?

Tage zählen gehört zu unserem täglichen Leben, wir zählen vom ersten bis zum letzten Tag. Aber kaum einmal tun wir das mit soviel Vorfreude und Begeisterung wie im Advent. Natürlich wissen wir genau, wie viele Tage es bis zum Heiligen Abend sind, dennoch zählen wir ganz bewusst jeden Tag im Adventkalender, der seit dem Ende des 19. Jahrhunderts im deutschsprachigen Raum bekannt und beliebt ist.

Eine Münchnerin soll den Adventkalender „erfunden" haben. Ihr kleiner Sohn fragte jeden Tag wieder, wie lange es noch dauere, bis endlich das Christkind käme, und da zeichnete seine Mutter auf einen Karton 24 Fenster und befestigte auf jedem der Fenster eine kleine Süßigkeit, die der Bub am Morgen des jeweiligen Tages essen durfte. So konnte er leicht selber feststellen, wie viele Tage er noch warten musste. Aus diesem spielerischen Einfall entwickelte sich eine wahre Industrie, und Gerhard Lang, so der Name des Buben, wurde erfolgreicher und betuchter „Kalenderfabrikant".

Und auch heute noch ist der Advent ohne den entsprechenden, meist süßen Kalender für viele undenkbar. Man freut sich einfach darauf, das kleine Fenster zu öffnen, in dem sich ein Stückchen

Genuss verbirgt, das uns den Tagesbeginn etwas verschönt. Da macht es keinen Unterschied, ob man 10, 30 oder 70 Jahre alt ist. Ein wirkliches Geschenk aber wird der Adventkalender dann, wenn man sich einlässt auf die Kraft dieser ganz besonderen Tage und jedem für sich eine Bedeutung gibt. So könnte ein Tag zum „Tag der Freiheit", ein anderer zum „Tag der Verzeihung", der nächste zum „Tag der Solidarität" werden und so weiter. Natürlich darf es nicht beim Benennen allein bleiben, und der echte Sinn kann nur darin liegen, über diese Begriffe gemeinsam oder auch nur für sich allein in einer ruhigen Stunde nachzudenken und zu überprüfen, welchen Stellenwert sie in unserem Leben haben. Daraus wird dann eine Art „philosophischer Adventkalender", den man sich ernsthaft zu Herzen nehmen sollte.

Eine Freundin hat mir vor einigen Jahren einen sehr persönlichen Adventkalender geschenkt, der ganz auf meine Vorlieben und Wünsche abgestimmt war. In den Fenstern waren „Zeitgeschenke" wie gemeinsame Spaziergänge oder Wanderungen ebenso zu finden wie kluge Sätze weiser Menschen oder auch Anregungen, wie zum Beispiel, an diesem Tag doch wieder einmal ein Bild zu malen oder eine ganz besondere Musik zu hören. Ich habe mich jeden Tag auf den Augenblick gefreut, an dem ich ein Fenster öffnen konnte, vor allem aber darüber, dass sich jemand darüber Gedanken gemacht hat, was mich bewegt und mir Freude macht. Es sind keine großen finanziellen Ausgaben notwendig, um einen lieben

Menschen derart zu beschenken, aber umso mehr Achtsamkeit, genaues Hinschauen und Hinhören, manchmal auch die Fähigkeit, zwischen den Worten hören und zwischen den Zeilen lesen zu können.

Es geht darum, sich auf den anderen einzulassen. Eine wunderbare, adventliche Übung. Eindrücke aus der Natur, Erinnerungen und Gefühle sind in den 24 Texten enthalten, die mein ganz persönlicher „Meditationskalender" geworden sind. Ich habe sie vor einigen Jahren geschrieben, eine Kollegin hat dazu die passenden Bilder ausgesucht, und wir haben damit den Fernsehzuschauern an jedem Tag im Advent eine kurze Zeit zur Besinnung, zum Einkehren bei sich selber, geschenkt. Doch die Texte stehen auch für sich, können in jedem von uns eigene Bilder entstehen lassen, sind kleine Geschenke an Menschen, die noch nicht verlernt haben, zu spüren und zu träumen.

Kalendergedanken

1. Dezember

*Gold des Herbstes,
gestern noch am Baum,
nun eingehüllt in feines
Nebelgarn.
Auf Sonnenstrahlen kehrt
es wieder und wärmt das
winterkalte Land.*

2. Dezember

*Unbeirrt von den
Stürmen des Lebens
zusammenstehen –
einander Halt geben
und Sicherheit –
gemeinsam in den
Himmel wachsen.*

3. Dezember

*Kristallklar und umhüllt
von Weiß,
als läge weicher Samt
um seine Schultern –
der kleine Bach.
Die Sonne weist ihm
strahlend seinen Weg.*

4. Dezember

*Kein Strahlen mehr
in der Natur,
kein Hauch von Sommer –
grau und düster liegt
das Laub. Und doch:
Tief drinnen reift schon
längst das neue Leben.*

5. Dezember

*Dunkle Mächte
über dem Land –
schwarze Gedanken und
Angst vor dem Unheil.
Jetzt gemeinsam gehen,
im Wissen:
Das Gute wird siegen.*

6. Dezember

*Wann bin ich mir
zuletzt begegnet?
Mir selber auf die Spur
gekommen?
Schon lange her.
Ich suche meine
Kinderträume und finde
die verlorne Zeit.*

7. Dezember

*Das Glück des Sommers,
die Leichtigkeit
des Augenblicks –
im Herzen gut verwahrt,
sind sie zu Schätzen für
die Ewigkeit geworden.*

8. Dezember

*Wenn abends hinter dem
rosa Wolkenmeer
Sterne und Monde aus
der Backstube purzeln,
legt sich ein Duft über
das Land – der himmli-
sche Duft eines Engels.*

9. Dezember

Man nehme: ein Über-
maß an Liebe und Ge-
duld, eine Handvoll Zärt-
lichkeit und eine Prise
Erfahrung,
forme Glückssterne da-
raus und verziere sie mit
zuckersüßen Träumen.
Wohl bekomm's!

10. Dezember

Sich erheben
über alle Niedrigkeit,
den Hass abstreifen und
des Tages Mühen.
Mit den Gedanken über
alle Grenzen fliegen,
schwerelos und frei.

11. Dezember

Die feinen Konturen der
Hügel zerfließen im Blau
– wie meine Zeit.
Das Jahr geht zu Ende,
der Horizont kommt nä-
her, wird greifbar.

12. Dezember

Aufbrausen, Über-
schwang und Energie –
Kraft der Natur
in reichem Maß.
Doch dann wieder
Gelassenheit, die Ströme
fließen lassen –
sich ergeben.

13. Dezember

Am seidenen Faden hängen muss nicht Angst bedeuten. Es kann auch heißen, dass wir Teil sind eines Ganzen – das auffängt, Schutz gibt und Geborgenheit.

14. Dezember

Nach reicher Ernte kehrt nun Ruhe ein, die karge Landschaft liegt im Dämmerlicht. Das Jahr wird ganz. Wir heben unser Glas – drin blinkt das warme Gold der Sonne.

15. Dezember

Und immer wieder dieser Zauber: der goldne Sternenregen, Engelshaar und Kerzenschein. Die Welt ist anders, doch für den Bruchteil eines Hauches glaub' ich, sie wäre schön.

16. Dezember

Nur wenn wir uns verschwenden und alles geben, dann bleibt genug, um eine Glut zu wahren, die Liebe jederzeit entzünden kann.

17. Dezember

Die Häuser wie
im Puppenland:
mit Dächern frostig weiß,
aus denen heißer Atem
steigt. Hoch über uns
ein Sternenmeer
aus buntem Glas.

18. Dezember

Nur Masken, Härte,
Fremdheit.
Und sonst nichts?
Wer Aug' und Seele
öffnen kann, der findet
ihn – den Schatz im Her-
zen, der da strahlt und
glänzt.

19. Dezember

Was schenken?
Den Trostlosen
das Hoffnungsblau
des Himmels,
den Müden die Kraft
des Halmes im Schnee
– allen Sonne und Liebe.

20. Dezember

Hinaufsteigen in
die Klarheit des Lichtes
– tief durchatmen und
den Blick schärfen
für die ganz alltäglichen
Wunder.

21. Dezember

Sie ist nicht auf den
ersten Blick zu sehen, die
zähe Kraft,
imstande, schwere Last
zu tragen.
Doch wer sie hat, ist
stark und ruhig zugleich.

22. Dezember

Verbunden –
wie raue Hände und
ganz feine –
nur um einander Halt zu
geben. Und wenn auch
harte Jahre kommen,
zu wissen:
So kann's gehen.

23. Dezember

Die Bäume tragen eine
schwere Last.
Die Sonne schafft
Erleichterung und schickt
zu Boden, was die Welt
im Frühling braucht:
viel tausend Tropfen
Wasser, um zu leben.

24. Dezember

Der lange Weg, das Hof-
fen und das Warten –
nur für ein Kind?
Ein kleines Kind im
Stroh?
Was sonst wär' Lohn für
unser mühevolles Leben,
als dieses Kind und seine
Liebe. Auch für mich.

Timo und das Sternenmädchen

Es war einmal ein kleines Haus, das stand mitten im Wald in einem großen Land hoch im Norden. Das Haus war mit dunkelroter Farbe bestrichen, die Rahmen um die Fenster und Türen waren weiß wie der Schnee, und aus dem hohen Kamin stiegen fast das ganze Jahr lang kleine, graue Wölkchen.

Das Haus gehörte Timo, einem alten Mann, der vor langer Zeit aus der Stadt hierher in den Wald gezogen war. Viel zu laut und zu schnell war ihm die Welt geworden, er suchte Stille und Abgeschiedenheit und fand beides hier, zwischen Birken und Fichten im kleinen roten Haus. Timo war ein sehr geschickter Mann, er konnte aus Holz fast alles machen: Tische und Betten, Leiterwagen und Fensterbalken, aber auch Gartenzäune. Aber die brauchte hier ja niemand, denn Wald und Wiesen gehörten allen. Auch ein Boot hatte sich Timo selbst gebaut, um auf dem kleinen See, dem Järvi, auf Fischfang gehen zu können.

Selbst im strengsten Winter, wenn es den Kindern zum Rodeln und Schneemannbauen und den Großen zum Motorschlittenfahren zu kalt war, arbeitete Timo in seiner Werkstatt neben dem Haus. Ab und zu wanderten Rentiere vorbei, um im Wald nach Futter zu suchen. Selten kamen Menschen aus dem Dorf, um bei Timo das eine oder andere Möbelstück zu bestellen, ansonsten war der alte Mann allein mit sich und seinen Gedanken.

Und diese Gedanken drehten sich oft um eine Geschichte, die man ihm damals erzählt hatte, als er hierher gezogen war.

„Das hier ist ein besonderer Ort. Hier wirst du nie ganz allein wohnen", hatte ihm der Bürgermeister des kleinen Dorfes gesagt. „Aber wenn du ein guter Mensch bist, dann wirst du auch gute Begleiter haben." Er raunte etwas von Kobolden und Geistern, gab dem neuen Hausbesitzer den Schlüssel und ging.

In all den Jahren war Timo nichts aufgefallen, was mit Kobolden oder mit Geistern hätte zu tun haben können. Zwar hörte er ab und zu seltsame Geräusche vor dem Haus, aber das mussten wohl kleine Waldtiere sein, die unter seinem Dach Schutz vor dem eisigen Nordwind suchten. Dass er auch ab und zu ein kleines, helles Licht wahrnahm, das durch eines seiner Fenster blitzte, hatte wahrscheinlich nur mit seinen Augen zu tun, dachte Timo. Er hatte sie wohl beim Schnitzen manchmal zu sehr angestrengt.

Eines Abends, es war den ganzen Tag über Schnee gefallen, und jetzt lag eine dicke, weiße Decke über dem Kartoffelfeld und dem kleinen Haus, da glaubte Timo vom Wald herüber ein leises Wimmern zu hören. Er trat vor die Tür, zog seine dicke Felljacke und die Stiefel an und lauschte aufmerksam. Er hatte sich nicht geirrt, direkt hinter seinem Holzschuppen, im lichten Jungwald musste etwas passiert sein. Draußen war es stockdunkel, der Mond war von Wolken verdeckt, und es waren nur wenige Sterne am Himmel zu sehen.

Timo bemerkte, während er durch den Schnee stapfte, dass er seine Taschenlampe vergessen hatte, er wollte wieder umkehren, um sie zu holen. In diesem Moment erstrahlte hinter dem Holz-

schuppen jenes Licht, das er schon einige Male vor seinem Fenster zu sehen geglaubt hatte. Konnte er also seinen Augen doch trauen? Timo stutzte und ging langsam weiter. Da sah er ein Rentierjunges im Schnee liegen, offenbar verletzt und wimmernd. Es war eingehüllt in einen milden Schein, als habe jemand eine Petroleumlampe angezündet, um den Platz zu erleuchten. Timo schaute zunächst nur auf das zitternde Tier. Der linke Vorderlauf blutete stark, und die Augen des jungen Rentieres waren angstvoll geweitet.

„Ganz ruhig", murmelte Timo „ich werde dir helfen, ganz ruhig!" Als er näher kam, direkt in den Schein des Lichtes trat, spürte er plötzlich eine wohlige Wärme. „Ich muss zuerst dem armen kleinen Kerl helfen, dann kümmere ich mich um dieses seltsame Licht." Er stapfte zum Haus, holte Verbandszeug und eine große Decke, seine Taschenlampe und eine Flasche Schnaps. Ein paar Tropfen würde er auf einen Lappen geben, um die Wunde zu reinigen, vielleicht dann noch einen Schluck auf diesen nächtlichen Schrecken trinken.

Timo war ganz durcheinander. So lange lebte er nun schon hier in seinem einsamen Haus, noch nie war etwas passiert, weder ihm noch einem Tier. Und dann dieses Licht. Es war ganz seltsam, aber machte ihm keine Angst, er wollte der Sache so schnell wie möglich auf den Grund gehen. Vorher aber war noch das Rentier zu versorgen. Timo tupfte mit einem kleinen Lappen die Wunde ab, das Tier zuckte zusammen und versuchte, sich wegzudrehen.

„Sprich mit ihm!" Timo schaute auf. Was hatte er da soeben gehört?

„Sprich mit ihm, dann hat es weniger Angst!" Timo war wie gelähmt vor Schreck und sah nach oben.

Direkt über ihm, auf einem der Äste der alten Fichte, saß ein zartes, fast durchsichtiges Wesen und strahlte. Es strahlte genau jenes Licht aus, das Timo schon einige Male vor seinem Fenster wahrgenommen hatte. Mit offenem Mund starrte er auf das kleine Zauberwesen. Das aber sagte mit einem feinen Stimmchen: „Hilf zuerst dem Tier, wir reden später."

Wie in einem Traum tat Timo, was notwendig war. Schiente und verband den Lauf des Tieres, legte es langsam auf eine Decke und zog es vorsichtig zum Holzschuppen. Er holte altes Brot und Äpfel aus seinem Haus und stellte beides in einem Korb daneben, legte dem Tier noch eine Decke über den durchgefrorenen Körper und ging langsam zur Fichte zurück. Tatsächlich, da saß es noch, genau wie zuvor. Das kleine leuchtende Wesen, durchsichtig wie eine Elfe.

„Also, ich bin Timo, ich wohne hier", sagte er höflich, „und wer bist du? Bist du ein Kobold oder ein Geist?"

„Wie kommst du denn darauf?" Das Wesen kicherte und sprang einen Ast tiefer. „Ich bin ein Sternenmädchen, das sieht man doch an meinem Leuchten." Und es bemühte sich, besonders schön und mild zu strahlen. Timo kratzte sich unter seiner Mütze. „Ein Sternenmädchen, was soll denn das sein?"

„Du hast sicher schon manchmal in finsteren Nächten Stern-
schnuppen fliegen sehen. Weißt du, was das ist? Das sind tau-
sende Sterne, die gemeinsam eine kleine Abenteuerreise machen.
Sie sausen mit unglaublicher Geschwindigkeit über den Himmel.
Und die verwegensten, die am allerschnellsten fliegen wollen,
können sich manchmal nicht halten, purzeln aus der Bahn und
fallen auf die Erde. So wie ich. Vor einigen Sternenzeiten bin
ich über deinem Haus gelandet, und seither leuchte ich in deiner
Nähe. Heute, beim kleinen Rentier, konnte ich mich endlich einmal nützlich machen." Timo streckte die Hand aus, um das kleine
Wesen berühren zu können. Aber so sehr er sich bemühte, er
konnte es nicht fassen. Es schien, als würde er durch den Licht-
schein hindurchgreifen. „Bist du denn nicht einsam hier, ohne
deine Freunde", fragte er schließlich, und das Sternenmädchen
lachte nur: „Aber du bist doch auch nicht einsam, und jetzt habe
ich ja dich als Freund!"
Und so kam es, dass Timo von da an von einem zarten, hellen
Schein begleitet wurde. Wenn er auf den Järvi fuhr, um zu fi-
schen, wenn er in den Sumpf stapfte, um Beeren zu sammeln,
aber vor allem, wenn er abends in seinem Holzschuppen zimmerte
und hämmerte.
Das kleine Rentier hatte Timo mit viel Liebe und Fürsorge gesund gepflegt. Obwohl es wieder in den Wald zu seiner Herde
zurückgegangen war, sah er es an so manchem Abend hinter
dem Schuppen stehen, so, als wolle es Nachschau halten, ob mit

seinem Lebensretter und mit dem Sternenmädchen alles in Ordnung sei.

„Gut, dass unser kleines Rentier nicht gestorben ist, sonst hätte ich dich verlassen müssen und mit ihm in den Himmel fliegen." Timo sah erstaunt auf. Das Sternenmädchen saß auf einem seiner Holzregale und wippte übermütig auf und ab, so dass sein Strahlen wie ein winziger Scheinwerfer durch die Werkstatt flackerte. „Das habe ich wohl vergessen, dir zu sagen. Wenn ein Lebewesen stirbt, bin ich sein Begleiter nach oben."

Da bekam Timo plötzlich Angst, das kleine Wunderwesen müsse ihn wieder verlassen, und er nahm sich vor, noch mehr als bisher darauf zu achten, dass es allen Tieren in Wald und Feld gut ging. Keines sollte sterben und ihm sein Sternenmädchen wieder nehmen.

Jahr um Jahr zog durchs Land, grimmig kalte Winter und helle Sommer.

Obwohl Timo von Jahr zu Jahr schwächer wurde und große Arbeiten in seiner Werkstatt nicht mehr machen konnte, war er nicht traurig. Öfter als früher saß er jetzt vor dem Haus, schnitzte kleine Figuren und Tiere aus Holz und hörte dem Sternenmädchen zu, das ihm vom Himmel erzählte, vom Mond, der Kuu heißt, und von Aurinco, der Sonne. Von der Sonne konnte das Sternenmädchen nicht viel erzählen, denn wenn die ihren großen Auftritt hatte, mussten Mond und Sterne eiligst vom Himmelsblau verschwinden.

„Wie lange willst denn du noch hier bleiben?" fragte das Zauberwesen eines Abends ganz unverhofft. Timo erschrak beinahe über diese Frage, doch auch er hatte längst gespürt, dass seine Erdenzeit bald ein Ende haben würde. „Ich bleibe, bis ich geholt werde." Er lächelte und begann in seinem Haus Ordnung zu schaffen. Er heizte den großen Ofen noch einmal nach, schloss dann seine Werkstatt und das Haus fest zu und ging zu Bett. Das Sternenmädchen saß auf dem Fensterbrett neben der alten Lampe, und sein Strahlen schien ihm heute wärmer zu sein als je zuvor. Als er die Augen schloss, wusste Timo, dass in dieser Nacht die große Reise beginnen würde.

Es war wahrhaftig eine große Reise, und Timo, der immer mit beiden Beinen fest auf dem Boden gestanden war, wunderte sich im Fliegen, wie leicht es ihm fiel, sich von allem zu lösen. Vor ihm strahlte und glitzerte das Sternenmädchen und führte ihn auf den ihm zugedachten Platz, von dem aus er seit diesem Tag als funkelnder Fixstern den Nachthimmel verschönt.

Er steht genau über dem kleinen roten Haus und glänzt vor Freude, wenn er in klaren Winternächten die Rentiere vorbeiziehen sieht.

Das Sternenmädchen aber ist wieder unterwegs. Es probiert gerade eine atemberaubend schnelle Umlaufbahn aus. Sollte es vor lauter Übermut wieder auf die Erde purzeln, kann es leicht möglich sein, dass es schon morgen vor unserem Fenster leuchtet.

Christine Brunnsteiner

Die Kletzn, die Nussn, die Weinberln ...

Wenn es um diese Zutaten geht, ist klar, dass es sich nur um die Zubereitung von Kletzenbrot handeln kann.

Ich erinnere mich an eine Dame, die mich und meine Arbeitskollegen alljährlich vor Weihnachten mit ihrem selbst gemachten Kletzenbrot verwöhnt hat.

Jedes Jahr wieder hat sie mir das Rezept dafür angeboten, und immer habe ich mit der Begründung abgelehnt, dass ich solange kein Rezept brauchen würde, solange sie für uns backe.

Das hat sie zwar noch einige Jahre lang getan, aber mit ihrer Pensionierung waren die „goldenen Kletzenbrotzeiten" endgültig vorbei, auf das Rezept haben wir natürlich vergessen.

Doch auch jenes, das Sie nach dem zauberhaften Gedicht von Pert Peternell finden, lohnt, nachgebacken zu werden.

Lassen Sie die Kinder dabei helfen, dann dauert es zwar vielleicht etwas länger, wird aber zu einem kleinen Fest im Advent – noch dazu mit köstlichem Ergebnis!

Da Muata ihr Kletznbrot

I woaß net, wia die Muata tuat,
ihr Kletznbrot is' holt so guat,
dass d' ollaweil grod essn kunnst
und andern kam a Stückl gunnst.
I han ihr zuagschaut oft ban Mochn
und han ön Ofn gricht zan Bochn
und han brav gwart va lauta Freud,
bis 's ghoaßn hot: Hiaz is 's so weit!

Die Muata nimmt den großn Loab,
schaut umadum no af sei Farb:
Wohl, wohl, es war schon d' rechte Hitz!
Drauf macht sie mit an Messerspitz
drei Kreuzln of dös Loabl dran
und schneid't dös Brot bedächti an.

Da Vota kriagt ön erschtn Scherz,
er greift und druckt 'n überwärts
und sogt: „Wohl, Muata, schön is 's wieda!"
Sie legt a Stückl vor mir nieda.
I moch die Augn zua und schmeck'
sonst aßat i 's jo weg van Fleck!

I ziag a poarmol d' Nosn auf
und kimm schön langsam af olls drauf.
I schmeck die Schmolln und schmeck die Rindn,
die Kletzn, Nussn woaß i z' findn,
die Feign und die Weinbirln ah,
und wann i net grod rotzi wa,
aft schmeckat i ön Schnaps am End,
den d' Muata grod so über d' Händ
in Toag hot einitröpfln lossn ...
Hiaz schau i wieda auf die Großn, -
hau Bua, do hot 's mi nocha grissn:
dö habn in 's Brot scho einibissn!
Da fang i a glei zan Essn an
und beiß no, wia 's scho gar is', dran.

I woaß net, wia die Muata tuat, -
ihr Kletznbrot is holt so guat!

Pert Peternell

Kletzenbrot

 Kletzen, Zwetschken und Feigen über Nacht in kaltem Wasser einweichen. Früchte in einem Sieb gut abtropfen lassen. Milch ein wenig erwärmen, Germ darin auflösen und mit ein bisschen vom abgewogenen Mehl zu einem Dampfl rühren. Dampfl mit wenig Mehl bestreuen, warm stellen und gehen lassen, bis sich das Volumen verdoppelt hat und die Oberfläche Risse zeigt.

Zucker, abgeriebene Zitronenschale, 1 Teelöffel Zimt, 1 Messerspitze Nelkenpulver und 1 Messerspitze Salz mit dem Dampfl gut verrühren. Restliches Mehl nach und nach einrühren, Masse zu einem glatten, festen Teig abschlagen, je länger, desto besser. Teig zudecken und an einem warmen Ort ca. 45 Minuten gehen lassen. Inzwischen Früchte kleinwürfelig schneiden.

Backblech mit Backpapier belegen. Früchte, Mandeln und Nüsse in den Teig einarbeiten. Aus dem Teig zwei Laibe formen und auf ein Blech legen. Brote zudecken und nochmals 30 Minuten aufgehen lassen. Backrohr auf 180 Grad vorheizen. Kletzenbrote mit Ei bestreichen, mit Mandeln und Früchten nach Belieben verzieren und im vorgeheizten Rohr ca. 1 Stunde backen.

Zutaten:
350 g Kletzen
150 g getrocknete
*   Feigen*
100 g entkernte
*   Dörrzwetschken*
1/8 l Milch
250 g glattes Mehl
20 g Germ
80 g Kristallzucker
60 g gestiftelte
*   Mandeln*
Schale von 1 unbe-
*   handelten Zitrone*
80 g Haselnüsse
Salz
Zimt
Nelkenpulver
verquirltes Ei

Belag:
100 g Mandeln
100 g kandierte
*   Kirschen*
50 g kandiertes
*   Zitronat*

2. Woche

Zeit der Vorfreude

Lebkuchen backen

Strohsterne ins Fenster hängen

Wunschzettel an das Christkind schreiben

Die Liebsten öfter umarmen als sonst

Alle Jahre wieder ...

In der zweiten Adventwoche beginnt für mich alljährlich jene Zeit, in der die meisten Veranstaltungen zu moderieren sind und in der ich besonders gerne Einladungen zu Weihnachtslesungen oder ähnlichen Veranstaltungen annehme.

Diese Stunden sind für mich immer wieder – und von Jahr zu Jahr mehr – wirkliche „Sternstunden".

Ganz gleich, ob in tiefwinterlich verschneiten, meist eiskalten Kirchen, in gemütlich warmen Gemeindesälen oder vollen Gaststuben – hier kommen Menschen zusammen, die eines gemeinsam haben: Sie wollen den Advent spüren, das kommende Weihnachtsfest mit der Seele erfühlen, abseits vom Trubel des Alltags und von der in dieser Zeit wohl unvermeidlichen Hektik.

Mit ganz besonderer Freude mache ich mich alljährlich an die Vorbereitungen für eine Adventveranstaltung, die zu den wohl festlichsten und stimmungsvollsten in unserem Land zählt. Es ist der „Steirische Advent im Grazer Opernhaus", bei dem ich seit beinahe 15 Jahren für das Programm und die Moderation verantwortlich bin.

Jedes Jahr, wenn sich Sänger, Musikanten und unsere kleinen Schauspieler aus Donnersbach, die bei einem Hirtenspiel auftreten, zur Generalprobe im prächtigen Ambiente des schönsten Opernhauses der Welt (davon bin ich felsenfest überzeugt) einfinden, geht mir das Herz auf. Ich spüre die gespannte Vorfreude auf den Abend ebenso wie die hoffnungsvolle Erwartung auf das

Weihnachtsfest, das Groß und Klein immer wieder in seinen Bann zieht und bezaubert.

Und es ist schön zu beobachten, dass sich immer mehr Menschen berühren lassen: von den zarten Klängen der Harfe, den alten Hirtenliedern, dem unbekümmerten Spiel der Kinder und den Weihnachtsgeschichten, die der Schauspieler Peter Uray liest und die uns endlich wieder einmal Gelegenheit geben, einfach nur zuzuhören, einer Stimme zu lauschen, die auch die leisen Stimmen und Sehnsüchte in uns zu wecken vermag.

Die großen Lieblinge des Publikums sind aber ganz ohne Zweifel die Kinder. Ihre Natürlichkeit im Spiel, die Unbefangenheit, aber auch ihre Professionalität beeindrucken alle. Die meisten von ihnen kommen aus Bauernfamilien und wachsen im besten

Sinn „natürlich" auf. Ihr Talent entdeckt und fördert der begnadete Spielleiter Prof. Karl Grabenweger, der es sehr gut versteht, sie zu motivieren und die Freude am Spiel nicht zu kurz kommen zu lassen.

Die meisten der Buben sind zwei- oder dreimal dabei, dann machen sie wieder kleineren „Hirten" Platz. Und es ist schön zu beobachten, wie sie sich von schüchternen und zurückhaltenden Buben zu selbstbewussten kleinen Schauspielern entwickeln, die auch manchmal zur Ordnung gerufen werden müssen, wenn der Übermut gar nicht mehr zu bremsen ist. Ich erinnere mich sehr gut an einen Buben, der bei seinem ersten Auftritt in Graz mit viel Freude dabei war, von dem ich aber dann erfahren habe, dass er zu diesem Zeitpunkt noch schwer krank war. Er ist wieder ganz gesund geworden, und im Jahr darauf konnte man deutlich sehen, dass er nicht nur körperlich einige Zentimeter gewachsen war.

Durch sein großes Talent, aber auch seine stoische Gelassenheit ist mir ein anderer „Hirte" in Erinnerung. Es war der kleine Bernd Greimeister aus Niederöblarn. Einige Jahre war er so etwas wie eine Respektsperson unter seinen Freunden, ein guter Schauspieler, der sich auf der Bühne und auch sonst zu benehmen wusste und so für die anderen Buben ein Vorbild war.

Im vergangenen Jahr hat er, inzwischen ein junger Mann geworden, seinen kleinen Bruder zur Aufführung begleitet, der nun in seine Fußstapfen getreten ist.

Wie ein Schock hat mich zu Beginn des Jahres die Nachricht von seinem Tod getroffen. Bernd ist mit seinem Auto verunglückt, jede Hilfe kam zu spät. Wir alle, die ihn gekannt und gern gehabt haben, trauern mit seiner Familie.

Aber es bleibt uns die Erinnerung an den kleinen „Hirtenbuben", der ganz allein vorne auf der großen Bühne des Opernhauses an der Rampe steht und ohne Scheu und mit fester Stimme vom Stern erzählt und vom Christkind, das uns allen die Erlösung bringt – alle Jahre wieder.

Hirtenlied

 Winterszeit – schönste Zeit
Erde liegt im Traum.
Und im Wald, grün und kalt
Steht ein Tannenbaum.

Kerze brennt im Advent
Rosenrot und still.
Frommer Brauch. Weißt du auch,
Was sie sagen will?

Mägdelein, hold und fein,
Winde einen Kranz!
Heb das Herz himmelwärts,
Weil das Jahr wird ganz.

Krippenheu hol herbei!
Schnell ein Pfaidlein mach!
Sieh, ein Stern leucht von fern
Schon auf unser Dach.

Ist ein Bot in der Not
Ei, wir sein gerett:
Gotts Gewalt legt sich bald
In ein Kindelbett.

Hirtenknab mit dem Stab
Nimm dein Hütel ab!
Bring dein Vieh, fall ins Knie
Mit der Opfergab.

Habt ihr all vor dem Stall
Euer Licht bereit?
Heilig Nacht kommet sacht
Aus der Ewigkeit.

Paula Grogger

Eine kleine Geschichte noch zum „Advent im Opernhaus". Es war vor einigen Jahren, als bei den „Hirtenbuben" wieder einmal zwei Kinder neu dabei waren.

Angesichts der Dimensionen des Opernhauses ganz verschreckt, saß einer der beiden Buben mit großen Augen auf der Bühne und beobachtete die Vorgänge bei der Generalprobe schweigend.

Der zweite sah mir eine Weile zu, wie ich die Ablaufpläne verteilte, den Gruppen ihre Plätze zeigte und die Sänger bat, für die Lichtprobe zu den ausgemachten Plätzen zu gehen. Da pflanzte er sich neben mir auf, zupfte mich am Ärmel und fragte: „Bist du jetzt da unsere Chefin?"

Als ich sagte, zumindest für die Zeit der Aufführung wäre ich wohl schon so etwas wie seine Chefin, meinte er mit Blick auf das leere Opernhaus: „Und die Oper, ghört die a dir?"

Es gab ein großes Gelächter, und ich erklärte ihm, dass die Oper uns allen zu einem kleinen Teil gehöre, auch ihm.

Da lachte er und zeigte sich von seiner großzügigen Seite: „Mein Teil kannst haben, i fahr eh wieder hoam, da hamma a Bauernhaus!"

Seit dieser „Schenkung" fühle ich mich in jeder Beziehung um einiges reicher als vorher.

Nikolaus, komm in unser Haus ...

 Im heurigen Jahr beginnt die zweite Adventwoche mit dem 6. Dezember, dem Festtag des heiligen Nikolaus.

Bischof Nikolaus von Myra lebte im vierten Jahrhundert nach Christus und soll am 6. Dezember des Jahres 326 gestorben sein. Er war ein Fürsprecher der Armen, der Kranken und Gefangenen, Schutzherr der Seeleute und Flößer, der Bäcker, aber auch der Wirte, der Advokaten und Richter. Aber auch Pilger und Reisende begaben sich unter seinen Schutz.

Meist wird er mit Krummstab, Bischofsgewand oder auch einem Schiff dargestellt.

In unseren Breiten sieht man den heiligen Nikolaus aber vor allem als Vorboten des Christkindes an, er ist sozusagen der gute Knecht des göttlichen Kindes, der den Weg für dessen Ankunft bereitet.

Von dieser Auslegung ist auch die Bezeichnung „Knecht Ruprecht" abzuleiten, die vor allem in Norddeutschland und in protestantischen Gegenden gebräuchlich ist.

Heute sieht man schon ab Anfang November Weihnachtsmänner in den Kaufhäusern, die mit der ursprünglichen Gestalt des heiligen Nikolaus nichts zu tun haben. Sie können bestenfalls als „Schutzheilige" der Geschäftsleute angesehen werden, die sie zur Ankurbelung der vorweihnachtlichen Kauflust engagieren.

Vom Brauchtum her ist es überliefert, dass mit dem Nikolaus immer auch ein wilder Geselle, der Krampus oder Bartl, durch die

Straßen ziehen musste, auch um zu dokumentieren, dass das Gute nie allein für sich stehen kann – immer gibt es auch die andere Seite, das Böse, mit Hass, Angst und Versuchung.

Dass Nikolaus und Krampus auch heute noch wichtige Bestandteile des vorweihnachtlichen Brauchtums sind, ist Zeichen dafür, dass gerade in dieser Zeit die Bereitschaft der Menschen groß ist, Traditionen zu pflegen und an die Kinder weiterzugeben.

Ebenso erfreulich finde ich die Tatsache, dass man von der häufig geübten Praxis abgekommen ist, den Nikolaus und seinen wilden Begleiter als eine Art „Erziehungsinstrument" anzusehen, was viele Kinder in Angst und Schrecken versetzt hat und – wir dürfen den Pädagogen ruhig glauben – mehr Schaden als Nutzen angerichtet hat.

Wie harmonisch die Beziehung zwischen Gut und Böse sein kann, hat der weststeirische Dichter Hans Kloepfer in einem seiner wohl schönsten Gedichte niedergeschrieben.

Nikolo

Um die Liachtzeit woar dos heut im Dorf a Gschraa!
Is da Bartl umgongg und da Bischof a;
hot koa Kind si mehr in d' Finsta außitraut,
hant in Stüberl drein zan betn gschaut.

Schwoarz und zottat wiar a recht a wilda Bär
toppt da Bartl in da Gossn zerscht daher,
rofflt mit die Kettn, pumpert an die Tür,
springg ins Haus und zoagg a lonki Ruatn für.
Hätt 'n Webersimmerl bold in d' Kraxn gspirrt
– und 'n Micherl is a kloans Malör possiert!
Wann i's gwisst net hätt, es muass da Bartl sein,
hätt i gschworn, da Forstadjunkt steckt drein.

Auf und auf vull Silba, inra lonkn Pfoad,
olt und mit an schneewerlweißn Boart
is da Bischof gwäin mit sein krumpm Stob;
– und wos i danebm no so gsegn hob,
mit an feinen Naserl und zwoa blowi Augn,
wia sie sist na für a junges Deandl taugn.
Hot die Kinder ausgfrogg, toalt an Lezolt aus,
wia holt sist akratt da haligi Nikolaus.

Und sowul i sist recht kristngläubi bin:
i hätt gmoant, es is die jungi Lehrerin.

Wia s' von lestn Keuscherl wieder hoamzuagehn,
hebb's zan schneibm an, so dick und wunnaschön!
Und da Bartl legg sei schwoarzi Schouffellhüll
übern silban Bischof seini Axeln still;
holba neuni schlogg von Turm die Kirchnuhr
und das Dörferl ligg in Fried und Ruah.

Intan Schulhaus, 's olti Muattagotteskreuz
mit sein Schindldacherl woar vaschniebm bereits.
A Loterndl brinnt davor no hell und woarm,
und die Himmlmuatta hobb ihr Kind in Oarm
wia zur Maiandocht
– und inta d' Lindn just
hot da Bischof still 'n Bartl busst!

Hans Kloepfer

Das St. Gallener Nikolospiel

Um die Darstellung von Gut und Böse geht es in den Tagen rund um den Nikolotag, und natürlich um den Sieg des Guten über den Teufel, der uns immer wieder in Versuchung führen will.

Mancherorts, wie in St. Gallen in der Obersteiermark, hat man diesem Grundmotiv noch Historisches und Lokalkolorit hinzugefügt und die sonst üblichen Nikoloauftritte und Krampusrennen zu einem unverwechselbaren Stück Brauchtum gemacht.
Der „St. Gallener Nikololauf mit den Hammerschmiedteufeln" geht auf die Zeit der Türkeneinfälle vor etwa 400 Jahren zurück. Der vielseitig begabte Künstler Albert Zwanzleitner vom Hocherb, nahe St. Gallen, hat dieses Spiel geschrieben.

Die Gegend um St. Gallen erlebte durch die Eisenindustrie lange Zeit eine Hochblüte, die den Hammerherren und deren Hammerschmiedgesellen großen Wohlstand bescherte. Durch die Abgeschiedenheit des Ortes blieb man von Türkeneinfällen weitgehend verschont, konnte ungestört der Arbeit nachgehen und so zu Ansehen und Wohlstand kommen.

Im Spiel von Albert Zwanzleitner führt dieser Wohlstand zu Unmäßigkeit und Unmoral, Hochmut brachte die Hammerschmiedgesellen von einem gottgefälligen Leben ab, und so kom-

men sie nach ihrem Tod als Strafe für ihre Ausschweifungen in die Hölle.

Nun, nach 400 Jahren, werden sie begnadigt und dürfen einmal im Jahr, um die Nikolozeit, an ihre ursprüngliche Arbeitsstätte zurück, um ihr Handwerk zu zeigen.

Mit brennenden Fackeln werden sie in einem Kohlenwagen in den Ort gefahren, der Meisterteufel hat seinen Auftritt mit einer Ansprache an die Anwesenden.

Die „Bärenaustreiber" führen den Zug an, in Erinnerung an jene Jäger, die vor etwa tausend Jahren die Bären aus unseren Breiten „vertrieben" haben, weil diese den Bauern so manches Stück Vieh aus dem Stall geraubt haben.

Erst am Ende des Zuges folgt der feierliche Einzug des heiligen Nikolaus. Er, der auch Schutzpatron der Seeleute und Flößer ist, wird von zwanzig Holzknechten auf einem Floß gezogen, auch er spricht zu den Menschen und beschenkt am Schluss die Kinder, wie es sich für den Nikolo gehört.

Seit dem Tod von Albert Zwanzleitner führt sein Sohn Ernst die Tradition dieser Aufführung fort. Gemeinsam mit seinen Brüdern Rainer und Rupert kümmert er sich um die jährliche Wiederbelebung dieses „St. Gallener Nikolospieles".

Solchen Menschen ist es zu verdanken, dass in einer Zeit des betäubenden Lärmens und einer sinnentleerten, nur auf Materielles orientierten „Eventkultur" das Besinnen auf echte Werte, das

Erfahren der eigenen Geschichte noch einen Platz hat. Und zum Glück von immer mehr Menschen geschätzt wird.

Für uns alle könnte und sollte gerade die Weihnachtszeit mit ihren vielfältigen Gepflogenheiten, die von Gegend zu Gegend und oft auch von Familie zu Familie verschieden sind, Anlass sein, uns auf diese alten Traditionen zu besinnen und sie weiterzuführen und weiterzugeben.

Die Guten und die Bösen ...

Wir haben sie gleich einmal bei der Hand, die Urteile über die Guten und die Bösen, die Netten und die Arroganten, die Schmarotzer und die für unsere Gesellschaft Nützlichen.
Wie schnell urteilen wir doch alle über Menschen, die uns nicht mehr als einen kurzen Eindruck hinterlassen, ordnen sie ein aufgrund eines kurzen Wortwechsels, stempeln ab, glauben nach einem Blick zu wissen, wie und wer unser Gegenüber ist.
Advent ist eine gute Zeit, um sich die Mühe zu machen, einmal gründlicher hinter die Fassade zu sehen. Das eigene Urteil zu hinterfragen, sich nicht von Äußerlichkeiten irreführen zu lassen.

Beginnen wir mit einer leichten Übung. Anstelle zu sagen, dass jemand unfähig ist oder dumm, könnte man die Formulierung wählen, dass man mit der betreffenden Person keine gemeinsame Ebene findet, man einander nicht versteht und miteinander nicht viel anfangen kann.
Das hat zur Folge, dass man den anderen nicht abwertet, sich dadurch aber auch selber besser fühlt.
Ich erinnere mich an die Begegnung mit einer jungen Frau, die mir sehr reserviert, fast unhöflich gegenübertrat. „So jung und hübsch und schon so frustriert", habe ich mir gedacht und sie damit gleich in eine bestimmte Richtung eingeordnet.
Über das Läuten eines Handys kamen wir dann langsam ins Gespräch. Auch sie habe sich lange gegen die Benutzung eines

Mobiltelefons gewehrt, meinte sie mit der Andeutung eines Lächelns. Immer verfügbar sein zu müssen sei ja wirklich lästig, aber seit ihr Mann im Wachkoma liege, und das seien jetzt bald vier Jahre, müsse sie einfach Tag und Nacht zu erreichen sein ... ja, und wegen ihrer zwei kleinen Kinder natürlich auch.

„So jung und schon so frustriert", das war mein erster Eindruck von ihr gewesen.
So alt und noch immer nicht klüger, sensibler, aufmerksamer – dieses Urteil musste ich damals über mich selbst fällen, und ich schämte mich sehr.

Wer ist gut, wer ist dumm, wer ist liebenswert und verdient Achtung und wer nicht? Wir sind mit diversen Einschätzungen schnell bei der Hand, sie zu revidieren, fällt meist sehr schwer.
Nur am Krampustag ist eindeutig und klar, wer gut ist und wer böse.

Krampustag ist nur einmal im Jahr, unsere Bewertungen aber nehmen wir Tag für Tag vor.
Darüber in einer ruhigen Stunde im Advent nachzudenken, scheint mir eine sehr wichtige und erfüllende Vorbereitung auf das Fest der Liebe zu sein.
Auch in der folgenden Geschichte von Alois Hergouth, die Peter Uray schon einige Male mit Riesenerfolg beim „Steirischen Ad-

vent im Opernhaus" vorgetragen hat, ist von außen nicht genau zu sehen, was drinnen steckt – auch wenn die Vermutung auf der Hand liegt, dass der Krampus nicht wirklich der Krampus ist ...

Ein Krampus zuviel

Wenn im Herbst die ersten Nebel kamen und die wenigen Laternen nur dünne, verschwommene Schleier in das Dunkel breiteten, war es nicht mehr geheuer, allein zu gehen. Die Akazien links und rechts der Fahrbahn waren leer und zeigten ihre langen Ruten. In den Gärten, hinter den schwarzen Büschen, lauerte immer ein noch tieferes Dunkel, ein gefährliches Etwas, das nur auf den Augenblick wartete, in dem es hervorspringen und zupacken könnte.

Ich weiß noch genau, dass ich es ängstlich vermied, am Abend draußen zu sein. Manchmal aber war es nicht zu umgehen. Vielleicht, dass ich knapp vor sechs zum Kaufmann geschickt wurde oder dass ich erst spät von der Schule heimkam. Dann half nichts anderes, als möglichst abseits der finsteren Zäune zu gehen und den Abstand zwischen den Laternen schneller zurückzulegen. Und wenn der Nebel besonders dicht lag, war es am besten, zu pfeifen, so laut wie möglich, und weder nach links noch nach rechts zu blicken.

Auch zu Hause braute sich in diesen Tagen allerlei zusammen. Die Mutter sagte jedes Mal, wenn etwas nicht so war, wie es hätte sein sollen: „Wart nur, wenn der Krampus kommt!" Und das erregte unangenehme Empfindungen. Was das Kommen des Krampus bedeutet, hatte ich oft genug am eigenen Leib verspürt.

Der Krampus, so war ich belehrt worden, kam von dort, wo die Welt mit Brettern verschlagen ist. Zwar konnte ich mir nicht genau vorstellen, wo das sein sollte, aber die Mutter sagte, es

sei gar nicht weit. Sie sagte es so bestimmt, dass ich befürchtete, ich könnte mich einmal zufällig dorthin verirren. Ich stellte mir dieses Ende der Welt als ein riesiges Baugerüst vor, hinter dem es ganz plötzlich in die Tiefe geht. Und sehr kalt und sehr furchtbar müsste es dort sein.

Oft zählte ich in Gedanken die Kinder, die ich kannte, und bemühte mich, herauszufinden, ob der Krampus schon eines von ihnen genommen hätte. Zum Glück stimmte die Zahl immer. Das beruhigte mich ein wenig.

Einmal aber – ich war damals vielleicht zehn Jahre alt –, als der Krampus zu uns kam und mich unter dem Tisch hervorholte, schien mir, seine Stimme wäre genauso wie die eines gewissen Herrn Zuppanič, der im Parterre unseres Hauses wohnte. „Wo is schlimme Kinder? Wuuh! – Kann schlimme Kinder wull beten und wird immer brav sein und nix ärgern?" Herr Zuppanič war aus Cilli und durchaus nicht böse, wenn wir nicht gerade beim Fußballspielen eine Scheibe eingeschmissen oder den Birnbaum in seinem Garten besucht hatten. Ich stellte mir also vor, dass ein Krampus mit so einer Stimme nicht gar so gefährlich sein könne.

Mein Feund Pepi, der schon vierzehn Jahre alt war, ging noch weiter. Er behauptete, der Krampus sei überhaupt kein Krampus, sondern tatsächlich Herr Zuppanič. Und zudem gäbe es überhaupt keinen wirklichen. Das sei nur von den Eltern so ausgedacht, dass wir uns fürchten sollten.

Diese Behauptung erschien mir so lästerlich und vermessen, dass ich fürs erste keine Erwiderung wagte, weil ich fürchtete, mich des begangenen Frevels, der sich furchtbar rächen würde, mitschuldig zu machen. „Wart nur", sagte ich dann, „wenn er dich erwischt!" Aber Pepi lachte. „Wenn ich will, kann ich auch so ein Krampus sein, wetten? Ich brauch mir nur noch eine Larven kaufen."

Wenn ich auch nach wie vor von der Wahrhaftigkeit jener Welt, die mit Brettern verschlagen ist, überzeugt war, so schlichen sich von dieser Unterredung an doch immer wieder kleine Zweifel in meine Überlegungen. So stieg mir plötzlich der Gedanke auf, dass der Krampus, wenn er ja doch nur immer am fünften Dezember kam, nicht an einem Abend zu allen Kindern der Welt gehen könne. Und auch die Kraxe, die er trug, schien mir zu klein, als dass er darin wirklich die sicherlich sehr große Anzahl der schlimmen Kinder hätte unterbringen können. Aber wenn ich dann wieder einmal am Abend durch unsere dunkle Gasse gehen musste, wenn ich die rutigen Akazien und die schwarzen Zäune sah, war dahinter doch auch nach wie vor das Schwarze, Gefährliche auf der Lauer. Und ich ging schneller zwischen den Lichtinseln der Laternen und pfiff wohl auch, sehr laut, und ohne nach rechts und nach links zu sehen.

Aber der Krampustag war für dieses Jahr vorbei. Schnee legte sich über die Wege, über die Dächer und Gärten und deckte das Dunkel zu. Weihnachten kamen, helle, fröhliche Tage, und von

Morgen zu Morgen wurde es früher licht. Ein neuer Frühling ließ die Akazien treiben, ein neuer Sommer bereitete sein Grün über die Gärten, und als das Laub an den Bäumen sich wieder verfärbte, war ich um ein ganzes langes Jahr älter.

Eines Abends zu Anfang Dezember war es, dass ich Pepi auf der Straße traf. Er kam auf seinem Fahrrad gefahren, und als er mich sah, bremste er mit einem knappen Bogen, so dass die Reifen über dem nassen Sand aufkreischten.

„Schau, was ich hab!" sagte er und hielt mir ein schwarzes Ding entgegen.

Es war eine billige Krampuslarve, wie man sie überall in den Auslagen der Geschäfte sieht. „Damit gehe ich heuer! Gehst mit, oder hast noch immer Angst?"

Ein wenig schämte ich mich schon ob der herausfordernden Anrede. Aber trotz der Erfahrung eines weiteren Jahres und trotz aller Überlegungen war ich mit meinen elf Jahren denn doch noch zu unsicher. Dass Kinder mit Krampuslarven spielten, das wusste ich, und ich tat es selber ganz gern, weil es ja lustig ist, sich mit der eigenen Furcht zu schrecken, wenn keine wirkliche Gefahr dabei ist. Aber gehen, als richtiger Krampus gehen, zur gleichen Zeit wie der, der jedes Jahr zu uns kam? Das war mir zu gefährlich.

Also entgegnete ich nur: „Traust dich wirklich? – Was aber machst, wenn du ihm – ich vermied es, Krampus oder Zuppanič zu sagen –, wenn du ihm in die Quere kommst?"

„Was ich dann mach?" lachte Pepi. „Grüß Gott, werd ich sagen, grüß Gott, Herr Zuppanič. Denn das ist er, der Krampus, der Zuppanič!" Beinahe hätte mich die Sicherheit, mit der Pepi sprach, umgestimmt, und ich hätte Lust bekommen, das gefährliche Abenteuer mitzumachen. Aber dann überlegte ich mir's doch. Es war auch wegen der Mutter. Ich war froh, dass ich mit dieser Ausrede meine Unentschlossenheit rechtfertigen konnte. Die Mutter hatte zu viel von jenem Ort erzählt, an dem die Welt mit Brettern verschlagen ist, und daran glaubte ich auf jeden Fall. Sie würde böse sein, wenn ich Pepi mehr vertraute als ihr.

Der fünfte Dezember dieses Jahres war ein grauer, unfreundlicher Tag. Schon am Morgen hatte es zu nieseln begonnen, und nachdem der Nebel aufgestiegen war, fing es zu regnen an und hörte bis zum Abend nicht mehr auf. Die Wege waren aufgeweicht, kalt rann die Nässe über Mauern und Zäune. Ich war froh, dass ich schon am Nachmittag zu Hause war und auch nicht mehr fortgehen musste.

Ich hatte kein allzu schlechtes Gewissen. Die Noten, die ich in der Schule bekommen hatte, waren recht gut. Und auch sonst hatte ich nichts Übles angestellt. Höchstens, dass ich manchmal die Nase schief gezogen hatte, wenn ich Kohlen aus dem Keller hätte holen sollen. Aber selbst das hatte ich in der letzten Zeit wohlweislich unterdrückt und war somit überzeugt, dass meine Mutter und also wohl auch der Krampus mit mir zufrieden sein müssten.

Die Mutter wusch gerade das Geschirr ab, und ich half ihr – es war ja der fünfte Dezember –, diesmal mit besonderem Eifer, beim Abtrocknen, als ich das Kettengeklimper aus dem Stiegenhaus hörte. Ein wenig schneller begann mein Herz wohl zu klopfen, aber die Mutter lächelte mir begütigend zu und sagte, dass ich keine Angst zu haben brauche! Auch dass meine Schwester und die zwei älteren Brüder zu Hause waren, beruhigte mich sehr.

Inzwischen war der Lärm bis an unsere Tür gekommen. Etwas Metallisches kratzte und polterte am Holz, dunkle, furchterregende Laute mischten sich ein, bis eine mächtige Stimme zu vernehmen war. „Wuuh! Wuuuuh! Is schlimme Kinder do? Wuuh! Wo is schlimme Kinder?" Die Türe wurde mit einem heftigen Ruck aufgerissen, und ich versteckte mich nun doch zur Vorsicht hinter dem Rücken der Mutter.

Es war, wie jedes Jahr, der gleiche zottige Kerl mit dem Schafpelz, mit Birkenrute und rostiger Kette und mit der geflochtenen Kraxen auf dem Rücken. Das Gesicht zeigte eine rote, schreckliche Grimasse mit halb offenem Mund, aus dem zwei spitzige Eckzähne und eine Zunge aus rotem Kreppapier heraushingen. Der Hinterteil des Kopfes war von langen schwarzen Stofffetzen bedeckt, die zu beiden Seiten der Kraxe über die Schultern baumelten und deren Enden sich filzig ineinander gebündelt hatten. „Heut brauchen wir dich nicht, Bartl", sagte die Mutter. „Der Bub war immer brav und hat auch in der Schul' gut gelernt."

„Soooo?" machte der Krampus. „Dann is ja gutt. Wuuuh! Hat er Glick, der Bub. – Aber - wuuuh! – kann er wohl auch beten Vaterunser?"

Auch das ersparte mir die Mutter.

„Ja", sagte sie, „er kann's."

Ich atmete auf, denn der Krampus stellte nun seine Kraxe auf den Boden und holte Äpfel, Nüsse, Lebzelt und Feigen und eine große Tafel Schokolade daraus hervor.

„Sixt, wenn der Bub brav ist, kriegt gute Sachen, sonst kriegt er Wix", sagte er zu mir, jetzt aber mit viel freundlicherer Stimme.

Da machte ich eine Entdeckung, die mir für einen Augenblick fast das Herz zum Stillstand gebracht hätte. Von allen anderen unbemerkt, war nämlich die Tür ein zweites Mal aufgegangen, und herein trat, das Gesicht mit einer schwarzen Krampusmaske bedeckt, der Pepi. Ich erkannte ihn sofort an der braunen Knickerbocker, die über das Ende eines schwarzen, verkehrt angezogenen Arbeitsmantels herausragte. „Grüß Gott, Herr Zuppanič!" sagte er frech.

Einen Augenblick lang schien der Krampus verblüfft. Dann aber drehte er sich um, und als er des Eindringlings gewahr wurde, begann er sogleich wild mit der Kette zu klirren.

„Woss is dos?"

„Ich bin's, Herr Zuppanič", sagte Pepi, blieb aber vorsichtig in der Nähe der Türe.

„Woss heißt Zuppanič, Lausbub? Ich bin Krampus, verstanden!
Nix Zuppanič."

„Aber gehn S', Herr Zuppanič", wollte Pepi weiter höhnen, aber
er kam nicht zu Ende. Denn ehe er sich's versah, war der Krampus blitzschnell, wie ein wild gewordener Bär, auf ihn losge-
sprungen, erfasste ihn, der rasch entwischen wollte, am Ärmel
und zerrte ihn polternd in die Küche zurück.

„Soo? Zuppanič? – Ich wird' dir zeigen, woss is Zuppanič!"

Er legte den schreienden und strampelnden Pepi kurzweg über
das Knie und verabreichte ihm mit seinem Birkenbesen eine solche Tracht Prügel, dass mir selbst beim Zusehen angst und bang
wurde.

„Woss is jetzt, Lausbub – bin ich Zuppanič oder Krampus?"

„Bitt' schön, aufhören!" wimmerte Pepi, plötzlich recht klein-
laut.

„Ich möchte wissen, ob ich Krampus bin!"

„Ja, ja!" Pepi legte die Hände schützend über seine Rückseite.
Nun erst ließ ihn der Erzürnte los.

„So, jetzt hast du Zuppanič!" keuchte er. „Und merk dir für nexte
Mal! Ich wird dir geben, frech zu sein und Krampus spielen! Da-
hier gibt's nur eine Krampus und sonst keine!"

Während sich Pepi eiligst und keineswegs rühmlich aus der
Küche entfernte, blickte ihm die Mutter halb besorgt und halb
schmunzelnd nach. Dann sagte sie: „War das nicht ein bisserl
arg, Herr Zuppa ..."

Sie hielt erschrocken mitten im Wort inne, als sie merkte, dass sie sich verplappert hatte.

Meine Geschwister fingen zu lachen an. Die Mutter schaute zuerst auf sie, dann auf den Krampus, dann auf mich. Ich muss wohl ein etwas dummes Gesicht gemacht haben, denn plötzlich fing auch sie zu lachen an. Schließlich lachte sogar der Krampus, laut und dröhnend. Und sein Lachen klang genauso wie das von Herrn Zuppanič. Es wirkte so gemütlich und so wenig unheimlich, dass am Ende auch ich in die allgemeine Heiterkeit einstimmte.

Alois Hergouth

Lebkuchenzeit

Sie waren vor etwa 60 Jahren neben in Seidenpapier gewickelten Zuckerstücken die einzigen Süßigkeiten, die auf dem Christbaum zu finden waren: Lebkuchenherzen und Sterne, manchmal mit Mandeln verziert, wenn es besonders fein herging, auch glasiert. Lebkuchen gehören auch heute noch zur Weihnachtsbäckerei, und wer auf sich hält, weiß genau, wann gebacken werden muss, um diese Köstlichkeit zu Weihnachten genau richtig – nämlich weder zu weich noch zu hart – genießen zu können.

Die zweite Woche im Advent eignet sich recht gut für die Herstellung dieser Bäckerei, erstens ist die Hektik meist noch nicht so groß, und zweitens weiß die kluge Hausfrau ebenso wie der kluge Hausmann, dass Bäckereien am besten vor dem Fest schmecken, wo noch keiner vom üppigen Angebot, das zu den Feiertagen serviert wird, übersättigt ist.

Mein Rezept für den klassischen Nürnberger Lebkuchen ist in unserer Familie altbewährt. Meine Empfehlung – außer sich genau an die Rezeptur zu halten – ist nur diese eine: Nehmen Sie sich Zeit, erleben Sie das Backen mit allen Sinnen, genießen Sie die wunderbaren Düfte und machen Sie sich das bewusst, was wir in unserem Leben allzu oft vergessen: Gut Ding braucht Weile.

In diesem Sinne, gutes Gelingen!

Nürnberger Lebkuchen

Eier und Zucker schaumig rühren, die Zutaten der Reihe nach zugeben (bis inkl. Backpulver oder Hirschhornsalz) und die Masse etwas ruhen lassen. Oblaten auf ein Backblech legen und die Masse mit einem Teelöffel darauf verteilen. Über Nacht stehen lassen. Am nächsten Tag bei milder Hitze (150 Grad) 20 bis 25 Minuten backen.

Die Tür des Backrohres dabei einen Spalt geöffnet lassen (Kochlöffel einklemmen!), damit der Dampf entweichen kann.

Inzwischen Kuchenglasur im warmen Wasserbad auflösen, für den Guss das Eiweiß schlagen und mit Zucker verrühren. Die eine Hälfte der Lebkuchen mit Schokoladeglasur, die andere mit Zuckerguss bestreichen und mit Mandeln und Pistazien verzieren.

Ab jetzt nur mehr ein Auge auf die erwartungsvollen Schleckermäuler haben, die sich ja besonders gerne in der Vorweihnachtszeit über die gebackenen Vorräte hermachen!

Zutaten:
5 Eier
500 Gramm Zucker
1 TL Zitronensaft
1 EL Zimt
¼ TL Nelken
1 Messerspitze Muskat
*100 Gramm Zitronat
und 100 Gramm
Orangeat (gewürfelt)*
1 Prise Salz
*geriebene Zitronen-
schale*
500 Gramm Mandeln
200 Gramm Mehl
*1 TL Backpulver oder
2 Gramm
Hirschhornsalz*
kleine Backoblaten
*100 Gramm dunkle
Kuchenglasur*
1 Eiweiß
*100 Gramm Staub-
zucker*
*50 Gramm Mandeln
und einige Pista-
zienkerne*

3. Woche

Zeit der Erwartung

Geschenke aussuchen
Weihnachtsbriefe schreiben
Einsame besuchen
Kleine Hoffnungslichter anzünden
Verzeihen und auf Vergebung hoffen

Schenken macht Freude

Wenn die dritte Adventwoche beginnt, ist es höchste Zeit, sich mit dem Thema Weihnachtsgeschenke zu befassen. Während viele beim Gedanken daran die Hände über dem Kopf zusammenschlagen und schon der Pein des Einkaufens wegen gerne auf Weihnachten verzichten würden, bin ich eine begeisterte „Schenkerin". Wohl auch deshalb, weil ich eine ganz gute Zuhörerin bin und mir die meisten meiner Freunde und Familienmitglieder schon das ganze Jahr über so nebenbei und unbewusst Hinweise darauf geben, was ihnen Freude machen würde.

Ich notiere mir das in mein Weihnachtsbüchlein und besorge – wenn sich die Gelegenheit ergibt – so manches Weihnachtsgeschenk auch schon im Sommer.

Vor einigen Jahren habe ich mir dabei allerdings selbst einen Streich gespielt: Ich hatte die Geschenke schon früh gekauft und sie dann der Kinder wegen versteckt. So gut, dass ich sie tatsächlich vergessen habe. Erst als ich im Frühjahr danach Laden und Kästen ausräumen musste, kamen die Weihnachtspackerln zum Vorschein. Zum Glück war nichts Verderbliches drin, und die Hemden passten auch noch zu Ostern.

Ich schenke übrigens nicht, weil das zu Weihnachten gehört wie der Christbaum, also nicht aus Prinzip. Ich schenke, weil ich im Laufe meines Lebens erfahren habe, dass Schenken mindestens so schön ist wie das Beschenktwerden.

„Wir schenken uns nichts, wir haben ohnehin alles", höre ich immer öfter in meinem Bekanntenkreis. Irgendwie erheitert mich dieser Satz, denn er bringt eine doppelte Botschaft.

„Wir schenken *einander* nichts", müsste es korrekt heißen, denn zu sagen, dass wir *uns* nichts schenken, bedeutet wohl eher, dass man einander nichts schuldig bleibt und sich gegenseitig so richtig „einschenkt".

Die zweite Botschaft hat nichts mit sprachlichen Spitzfindigkeiten zu tun, sie zeigt vielmehr, dass der wahre Sinn des Schenkens weitgehend verloren gegangen ist. Schenken ist vielfach zur „Materialbeschaffung" verkommen. Kinder schreiben keine Christkindlbriefe mehr, sie geben eher Bestelllisten bei den Eltern ab.

Um nicht missverstanden zu werden: Ich halte es für eine gute Idee, jenen, die den Euro zweimal umdrehen müssen, bevor sie ihn ausgeben, Praktisches oder Notwendiges zu schenken (ein kleiner Tank Heizöl ist heutzutage wertvoller als so manche Uhr!).

Aber auch wenn jemand angeblich schon „alles hat", heißt das nicht, dass er sich nicht über ein Geschenk freut. Eines, das ihm das Gefühl gibt, verstanden und angenommen zu sein.

Mit Überlegung und Bedacht schenken heißt schließlich immer auch, dem anderen ein Stück entgegenzugehen, auf ihn einzugehen. Da sind „Instantgeschenke", die fertig verpackt in den Geschäften angeboten werden, fehl am Platz.

Es ist nur zu verständlich, dass Menschen, die selbst nie ein wirklich persönliches Geschenk bekommen haben und sich auch schwer tun, Geschenke für andere auszusuchen, auf die Schenkerei zu Weihnachten lieber ganz verzichten.

Sehr oft ist es ihnen auch unangenehm, Geschenke anzunehmen, sie sehen das nur als lästige Verpflichtung, sich dafür – womöglich wertgleich – revanchieren zu müssen.

Beim richtigen Schenken aber gibt es kein „Muss". Schenken hat etwas mit Hingabe (von: „hingeben") und mit Freude am Glück des anderen zu tun. Nichts ersetzt das Strahlen auf den Gesichtern jener Menschen, die mit einem Buch, das sie schon lange gesucht haben, mit den zauberhaften roten Lackschuhen, von denen sie schon lange träumen, oder den Karten für ein besonderes Konzert überrascht werden.

„Eine wunderbare Sache ist auch das nachhaltige Schenken", also Geschenke zu machen, die nicht nur eine kurze Zeit Freude machen. Das können Bäume, Sträucher oder auch Samen für seltene Blumen sein, die erst nach Monaten ihre wahre Pracht entfalten und das Geschenk so richtig „erblühen" lassen.

Es kann aber auch der erste Waggon sein, der für einen Modelleisenbahnliebhaber der Anfang einer erfüllenden Sammelleidenschaft wird.

Eher abraten würde ich von Geschenken, die sehr vom persönlichen Geschmack des Schenkenden abhängen. Bei selbst gemalten Bildern, handgestrickten Pullovern oder auch Schmuck scheiden sich sehr oft die Geister. Wer viel Arbeit investiert, den Geschmack des Beschenkten aber nicht trifft, erzeugt Enttäuschung

und Peinlichkeit auf beiden Seiten. Und man neigt – nicht nur zu Weihnachten – doch sehr dazu, Dinge zu schenken, die einem selber gut gefallen. Das kann gut gehen, muss aber nicht. Denn wie heißt es in einem klugen Spruch: „Der Wurm muss dem Fisch schmecken, und nicht dem Angler!"

Wer beim Schenken schon die eine oder andere Enttäuschung erlebt hat, weiß: Schenken will gelernt sein!

Auch in meiner Familie gibt es Menschen, denen es sehr schwer fällt, passende Geschenke zu finden und selber welche anzunehmen. Geburtstage und Weihnachten bedeuten für sie nur Unannehmlichkeiten, sie kaufen meist teure Geschenke, die sie dann etwas peinlich berührt hergeben. Es geht nur darum, eine vermeintliche Pflicht zu erfüllen und sich nichts nachsagen zu lassen. Schenken als Akt des Pflichtbewusstseins, ohne wirkliches Interesse am anderen.

Ein Geschenk braucht aber auch gar nichts zu kosten: Es kann ein „Gutschein" für einen gemeinsamen Waldspaziergang sein, die Einladung zu einem Musiknachmittag vor dem CD-Player oder das liebevoll gestaltete Rezept zu einer lang gesuchten „Pasta". Der einfühlsamen Phantasie sind da keine Grenzen gesetzt.

Gerade jetzt vor Weihnachten sollten wir uns ins Gedächtnis rufen, dass alles, was im Leben von echter Bedeutung und für uns elementar wichtig ist, ein Geschenk ist.

Gesundheit, eine liebevolle Beziehung, Kinder und Enkelkinder, ein erfülltes Berufsleben und gute Freunde, auf die man sich verlassen kann – all das kann man nicht kaufen. Das klingt banal, entspricht aber den Tatsachen. Wenige sehen das als Geschenk an, für viele vom Leben Verwöhnte gehört das zur ganz normalen „Grundausstattung" eines Menschen im wohlhabenden Mitteleuropa.

Erst wenn durch Krankheit, Beziehungskrisen, den Verlust des Arbeitsplatzes oder den unerwarteten Tod eines nahe stehenden Menschen das labile Gleichgewicht ins Wanken gerät und im schlimmsten Fall ganz aus den Schienen springt, wird einem bewusst, wie filigran der Glücksboden ist, auf dem wir uns so sicher wähnen.

Je fester ein Mensch im Leben steht, je sicherer und gelassener er mit sich und seinen Mitmenschen umgeht, desto entspannter wird sein Verhältnis zum Thema Schenken sein, desto freudiger wird auch er sich beschenken lassen können. Mit kleinen oder großen Dingen, mit Zuneigung und mit dem wertvollsten Geschenk, das wir in unserem hektischen Lebensablauf zu bieten haben – mit Zeit. Sich Zeit nehmen heißt, den anderen wertschätzen, ihm Bedeutung geben, und es macht deutlich, dass ein noch so teures und großes Geschenk den tiefen Wunsch nach dem Geliebtwerden und Anerkanntsein nicht befriedigen kann.

Hören Sie nicht auf, einander zu beschenken, suchen Sie nach Hinweisen, womit Sie Freude machen können – und die Freude wird tausendfach zu Ihnen zurückkehren. Weil Glück sich verdoppelt, wenn man es teilt.

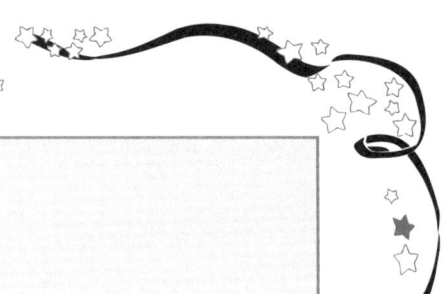

Vom Schenken

Die Kinder ham a Briaferl gschriebn
und ham's aufs Fenster g'legt.
Bald hätt's es über Nacht verschniebn,
doch dann is' Briaferl weg.

Drin steht, der Georg hätt' gern Schi,
a Snowboard, an PC,
die Lisa brauchert Schlittschuah
und zum Anziagn was, war schee.

Ob's Christkindl an Christbaum bringt,
is net so intressant,
Hauptsach' is', daß's Beschenktwerdn stimmt,
ma alls kriagt, was ma tramt.

Vor bald siebzg Jahr, da hat a Bua
an Briaf aufs Fenster glegt,
fast hätt's 'n über Nacht verschniebn,
doch dann war' s Briaferl weg.

Mei Vater war der kloane Bua,
und der hatt's Christkind bitt':
„An weißen Wecken hätt' i gern,
geh bittschön, bring ma'n mit!

Und auf'n Christbam Äpfel,
Zucker in Seidnpapier,
vielleicht sogar an Lebzölt,
da war i brav dafür!"

„Des war'n halt schlechte Zeiten,
ma hat nix g'habt", sagn d' Leit.
Heut hamma zwar an Wohlstand,
doch deswegen net mehr Freud'.

Die Schi, PC und Snowboard
werd'n wegglegt nächstes Joahr,
mei Vater, der schmeckt heut' no,
wia guat sei' Weckn woar.

Christine Brunnsteiner

Damals im Advent

Gemeinsam basteln, Kekse backen, Geschichten erzählen und bei Kerzenschein miteinander singen und musizieren – all das gehört für uns auch heute noch zu einem schönen Advent wie für die Generationen vor uns.

Das mag angesichts des enormen Tempos, mit dem wir durch die Zeit rasen und dennoch von neuen und neuesten Technologien überholt werden, etwas seltsam erscheinen. Warum fallen wir gerade im Advent in die oft zitierte „gute alte Zeit" zurück, werden melancholisch und sehnen uns nach Geborgenheit und Romantik?

Eine Umfrage bei unseren deutschen Nachbarn hat zutage gebracht, dass vor allem Menschen, die sonst voll im Trend der Zeit liegen, in ihrer Arbeit bis an das körperliche und psychische Limit gehen und im modernen Lifestyle fest verankert sind, eine große Sehnsucht nach Rückbesinnung auf die Adventzeit ihrer Kindheit haben.

Der enorme Boom beim Verkauf von Advent- und Weihnachtsschmuck, die leider oft schon ins Kitschige gesteigerte Leidenschaft, jeden Baum und Strauch, Fenster und Dachfirste mit Lichtern zu verzieren, stehen in krassem Gegensatz zu den das ganze Jahr über bevorzugten kühlen Designermöbeln und Einrichtungsgegenständen.

Damals im Advent ... da war alles nicht so perfekt wie heute, es gab nur vier und nicht 45 Kekssorten, der Adventkranz war nicht

mit mundgeblasenen Glasperlen verziert, auf dem Boden lag kein
Perser, und wenn etwas Wachs hinuntertropfte, war das kein großes Problem – der Fleckerlteppich hielt das schon aus.

Wenn wir uns heute einen Nachmittag oder Abend lang Zeit nehmen zum Äpfelbraten, zum Sternebasteln oder für ein „Verwöhn-
bad" bei Kerzenlicht, dann können wir damit die längst vergangene Zeit unserer Sehnsucht zwar nicht wiedererstehen lassen,
wir spüren aber, so wie damals, das Besondere dieser Tage und
Abende.

Und einige, die noch an das Christkind glauben können, werden
auch den kleinen Engel vorbeifliegen sehen, so wie damals, als
die Welt noch voller Wunder war ...

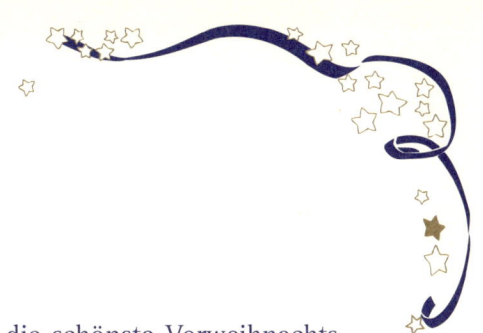

Damals

Wir Kinder erlebten damals die schönste Vorweihnachtszeit in der Schreinerwerkstatt. Da kamen wir vom Hof herein aus der Schneeburg, schlenkerten die rotgefrorenen Hände, rieben blaustrahlende Nasen warm, hauchten und stampften und vergruben uns nicht weit vom Ofen weg in den großen Hobelspanhaufen. Da roch's nach Leim und Holz und Beize, im Ofen gloste noch ein behagliches Feuerchen, in den dunklen Winkeln standen schwarz und drohend wie ungefüge Riesen Bretter und Balken, und irgendwo raschelte eine Maus durch die Späne. Vom nachtenden Himmel herab fiel groß und weichflockig der Schnee, und in der Werkstatt brannte – ein Märchenlicht – die Petroleumlampe ...

An seiner Bank arbeitete da nach Feierabend der alte Gesell, der Rieglertoni; denn er war daran, ein hölzernes Fahrrad zu bauen. Das Fahrrad lief damals noch an der Spitze der neuzeitlichen Erfindung, und der Rieglertoni setzte als Mann des unentwegten Fortschrittes seine ganze Schreinerehre darein, so ein Vehikel aus Holz zu bauen. Er wandte viele Feierabende daran.

Und diese Winterabende in der Werkstatt vor Weihnachten waren uns Kindern hohe Feste.

Während da der Rieglertoni leimte und hobelte, maß und klopfte, erzählte er, bisweilen von einem meterlangen Fluch über ein schlecht passendes Stück unterbrochen, Christkindlgeschichten. Er hatte sie alle selbst erlebt und stand mit dem Christkind auf du und du, und am schönsten war's, wenn er uns erzählte, wie

er als Lehrbub in der Christkindlwerkstatt gearbeitet hatte. Was
für ein strenger Meister der Niklo gewesen sei und wie ihn einmal der Erzengel Gabriel gebeutelt habe, weil er einem Wiegen-
pferd einen zu großen Kopf aufgeleimt hatte. Und wie die kleinen
Engelbuben das Leimhaferl halten mussten und dem Niklo zur
Brotzeit in Forstenried eine Maß Bier holten und dem Christkindl
einen warmen Kaffe, und jedes hatte eine Nudel gekriegt.

Ja, mitten im Forstenrieder Park wär' die Christkindlwerkstatt gewesen, und wenn er einmal Zeit hat, der Rieglertoni, dann führt
er uns hin.

„Toni! Toni! Wann ham S' denn Zeit? Wann ham S' Zeit? Morgen, übermorgn?" Aber da schüttelte der Toni dann immer bedächtig den Kopf und sagte, man kann nur hin, wenn eine recht
stockfinstere Nacht ist, aber da müsst' man so aufpassen zweng
dö Wildsäu, die jeden Menschen auffressen, und ihn selbst hätten
sie damals auch einmal schon beim Krawattl gehabt, als er mit
den Englbuben das Bier holte.

Aber da wär' zum Glück der Niklo dazugekommen und hätte mit
der Rute die Wildsäu furchtbar durchgeprügelt ... Ja, so war's,
Kreuzbirnbaumhollerstaud'n! Aber jetzt müssten wir zum Essen
hinauf, sonst schimpft der Vater.

Da saßen wir mit großen runden Augen im Hobelspanhaufen und
hörten zu ...

„No a bissl weiter, Toni! Grad no a Bröckerl!" Oh, wie wohlig
schauerte es einem in der Geborgenheit der Werkstatt vor den

Wildsäuen, und wie gehörten dem tapferen Niklo unsere Herzen, der die Untiere so verdrosch. Und kurz vor Weihnachten, wenn wir uns wieder einmal in den Spanhaufen hineinwühlten – da: „Toni! Da schaug her! Toni!" Da lagen Äpfel und Nüsse drin und für jeden ein geschnitzter Kasperl, ein Wagerl, eine Puppe ... Und der Toni tat schwerhörig, wandte sich dann verwundert um, visierte noch ein Stück gegen 's Licht und kam dann langsam näher.

„Meiner Seel!" sagte er, „Kinder, da is as Christkindl dag'wen. Ko net anders sei! Wia i vor a Viertelstund in Hof 'naus bin, da is mir scho a so g'wen, als wenn ebbas durch d' Werkstatt fliagat."

Und dann lachte der Alte mit dem ganzen Gesicht und bewunderte unser Sach. „Naa, is des aber schad, dass mir's Christkindl auskemma is! Dös hätt' mi no kennt! G'wiss aa no hätt's mi kennt!"

Ja, war das schade, dass es dem Rieglertoni auskemma war ...

Und in der Petroleumlampe zuckte das blaue Flämmchen, und hinter den Bretterstapeln und Hobelbänken, die da ins Dunkel wuchsen, war's wie leises Flügelrauschen vor Weihnachten.

Julius Kreis

Christkindlbriefe

Ich erinnere mich noch sehr gut, wie ich als kleines Mädchen meinen Wunschbrief an das Christkind ins Fenster gelegt habe. Nach reiflicher Überlegung, denn ich war mir nie so ganz sicher, ob sich meine Wünsche in einem für das Christkind normalen Rahmen bewegten oder ob ich am Ende doch zu unbescheiden war.

Auch dass der Brief nicht außen auf das Fensterbrett, sondern zwischen die Doppelscheiben gelegt werden musste, war mir nicht ganz geheuer. Ich fürchtete, die Engel könnten meinen Brief übersehen und ich leer ausgehen. Und wie um alles in der Welt konnten sie ihn da herausholen, ohne die Scheiben zu zerschlagen, was ein Engel ja ohnehin nie tun würde?

Diese ängstlichen Gedanken waren aber ab jenem Moment verschwunden, in dem auch der Brief verschwunden war, und das geschah zu meiner Verwunderung alle Jahre wieder.

Auch heute noch, mehr als vierzig Jahre danach, schreibe ich jedes Jahr einen Brief an das Christkind. Den schicke ich aber nicht weg, lege ihn auch nicht ins Fenster, sondern hebe ihn sorgfältig in einer Lade auf, um ihn ein Jahr später wieder zu lesen.

Ich schreibe in meinen alljährlichen Wunschbrief an das Christkind all das, was ich mir für das nächste Jahr erhoffe, mir vornehme und für mich und meine Lieben wünsche.

Ich schreibe dem Christkind aber auch, wie es mir in diesem Jahr ergangen ist, was ich gelernt, gefunden und verloren habe, wo-

von ich Abschied nehmen musste, welche Menschen mir vertraut und welche mir fremd geworden sind, weil sie andere Wege eingeschlagen haben.

Ich tue das seit vielen Jahren, und diese Briefe an das Christkind sind inzwischen so etwas wie die Chronik meines Erwachsenenlebens geworden. Vieles, das mir vor Jahren noch wichtig war, einige Dinge, die mir damals sehr zu Herzen gegangen sind, haben heute einen wesentlich kleineren Stellenwert, ich bin – das kann ich ganz leicht aus den Christkindlbriefen der vergangenen Jahre schließen – nicht mehr so ungeduldig, ein wenig toleranter und sicher auch um einiges gelassener als früher.

Meine Christkindlbriefe sind also keine klassischen Wunschbriefe, wiewohl ich das Wünschen nicht wirklich lassen kann. Sie sind jeweils eine Jahresbilanz an Freuden und Ärgernissen, an Wünschen für die Kinder und ihre Zukunft, aber auch Dokumente meiner unerschütterlichen Lebenslust. Natürlich hat es auch Krisen, Zweifel und oft auch Zorn über nicht Änderbares gegeben, niemals aber Hoffnungslosigkeit und Depression.

Christkindlbriefe als Zeugen dafür, wie ich mit meinen Kräften, Talenten, mit meiner Zeit und dem Älterwerden umgehe. Briefe, die ich an mich schreibe, an die, die ich gerne sein möchte und vielleicht einmal bin. Und die außer mir nur das Christkind lesen darf. Wer sonst?

Weihnachtspost

„Auf meine Weihnachtskarten, da können s' heuer warten" ... So beginnt ein humorvolles Gedicht des bayerischen Autors Franz Freisleder, in dem er beschreibt, in welchem Dilemma er sich alljährlich befindet, wenn es um das Schreiben von Weihnachtskarten geht.

Und nicht nur ihm geht es so.

Spätestens in der dritten Adventwoche, wo es sich gerade noch ausginge mit der Postzustellung, stellt sich für viele die ewig gleiche Frage: Wem soll und will ich in diesem Jahr schreiben?

Wäre es nicht besser, mit der ungeliebten Schreiberei endgültig aufzuhören? Aber was ist, wenn die Bekannten trotzdem schreiben? Andererseits haben die ja auch im letzten Jahr nur mehr ein SMS, also eine Kurznachricht per Handy, geschickt!

Diese Methode, Weihnachtswünsche zu übermitteln, hat tatsächlich in den letzten Jahren überhand genommen. Was mich nicht wirklich wundert, hat man doch einerseits mit einem netten kurzen Satz seine „Pflicht" erfüllt und somit der Form Genüge getan, ist andererseits aber der lästigen Arbeit des Kartenschreibens ausgekommen und erspart sich dazu auch noch einen Telefonanruf und damit womöglich die Verpflichtung, einer Einladung zu einem Weihnachtsbesuch nachzukommen.

So kann man es handhaben.

Man könnte es aber auch ehrlich machen und Leuten, die einem nichts bedeuten und denen man in Wahrheit auch nichts zu sagen hat, gar nichts schreiben, auch kein lächerliches Satzerl

per SMS. Dafür jenen, die man zu seinen Freunden zählt, einen persönlichen Weihnachtsbrief oder eine dementsprechende Karte.

Ich freue mich jedes Jahr wieder auf das Schreiben der Weihnachtspost. Ich suche die Karten mit Sorgfalt aus, weiß auch schon beim Kauf genau, wem ich welche schreiben werde, und für einige Auserwählte male, sticke oder bastle ich Billetts, oder ich verwende für die Briefe besonders festliches, weihnachtliches Briefpapier.

Das ist alles keine Frage des Geldes, es bedarf nur etwas Geschicklichkeit und natürlich Mühe, die ich übrigens auch jedes Jahr für die Auswahl jener Personen aufbringe, die ich diesmal mit Weihnachtspost „beschicken" will.

Und schon diese Arbeit hat für mich eine tiefere Bedeutung, ergibt sich daraus doch oft eine neue Bewertung meines Lebensumfeldes.

Es gibt Menschen, mit denen ich seit Jahren und Jahrzehnten verbunden bin, die mir trotz räumlicher Entfernung nahe bleiben. Mit ihnen teile ich gerne die Ereignisse meines vergangenen Jahres, sie lassen mich Anteil haben an ihrem Leben, ihren Freuden und Sorgen.

Briefe, die wir einander schicken, sind so etwas wie Seelengeschenke, sie haben Wert und Gewicht, sie sind keine oberflächlichen Alibigrüße vor Weihnachten.

An liebe Menschen zu schreiben, sie in Gedanken für kurze Zeit zu sich zu holen, das ist für mich schon ein kleines Stück Weihnachten. Ich nehme mir Zeit dafür, mache es mir gemütlich mit schöner Musik, mit Kerzenlicht und angenehmen Düften. Briefe zu schreiben ist ja viel mehr als der Austausch von Neuigkeiten und Wünschen. Es entspricht unserer Sehnsucht, einander näher zu kommen und besser kennen zu lernen, aber umgekehrt auch erkannt und verstanden zu werden als Person, die man ist.

Vorgedruckte Weihnachtskarten oder Briefe, die man nur mehr zu unterschreiben braucht, anonyme SMS, als Sammelnachricht an alle möglichen Bekannten verschickt, können diese Botschaft nicht vermitteln. Sie sind für mich seltsame Auswüchse einer aus den Fugen geratenen Kommunikationsgesellschaft, die meint, mit dem Gebrauch aller zur Verfügung stehenden Mittel und Medien eine echte Verbindung zwischen den Menschen herstellen zu können.

Doch auch wenn wir heutzutage rund um den Erdball jederzeit und überall erreichbar sind, ob wir einander tatsächlich „erreichen", hängt nicht vom neuesten Handy und der aktuellsten Technologie ab.

Ein paar handgeschriebene Zeilen, ein wenig Engelshaar, einige Körner Weihrauch, vielleicht sogar eine kleine Stickerei als Briefschmuck – das ergibt Weihnachtspost, die der „himmlischen Zeit" würdig ist, weil sie dem Beschenkten jenen Stellenwert vermittelt, den er für den Briefschreiber hat.

Wenn man sich dazu nicht aufraffen kann, einem das alles zu viel an Aufwand bedeutet, dann sollte man das Kapitel Weihnachtspost ein für allemal abschließen, ohne schlechtes Gewissen.

Auch klare, ehrliche Entscheidungen zu treffen, sich und anderen nichts vorzumachen, gehört zu einer Adventzeit, aus der man Kraft schöpfen und sich erneuern kann.

Weihnachtsmann, geschickt gestickt!

Dekor für Weihnachtskarten oder -briefe lässt sich mit ein wenig Geschick und Geduld leicht selber machen. Vielleicht haben auch Sie in der Schule noch die Kreuzstich-Stickerei erlernt. Das folgende Bild eignet sich – sehr fein und auf dünnem Stoff gestickt – als besonders hübsches Motiv für Weihnachtskarten.

In Bastelgeschäften bekommt man vorgefertigte Billetts mit unterschiedlich großen Fenstern, in die man das Stickbild nur mehr einkleben muss. Aber auch als Schmuckmotiv eines Weihnachtssets oder Nikolosackerls macht sich der Weihnachtsmann sehr gut.

Die Garnfarben können natürlich nach Belieben variiert werden, der Bart des Weihnachtsmannes muss aber auf jeden Fall weiß bleiben. Ordnung muss sein!

Oder Sie besorgen sich ein größeres Stück passenden Stoffs, sticken den Weihnachtsmann und einen roten Kreuzstichrand herum und säumen das Ganze ein. Als Serviette, Deckerl oder Set verschenken – oder selbst behalten.

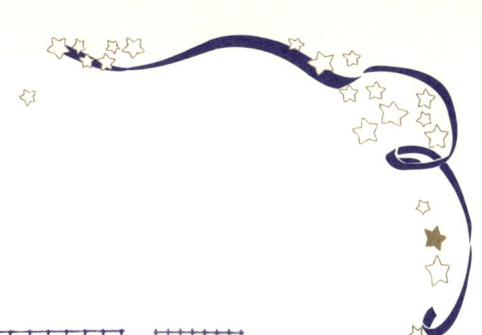

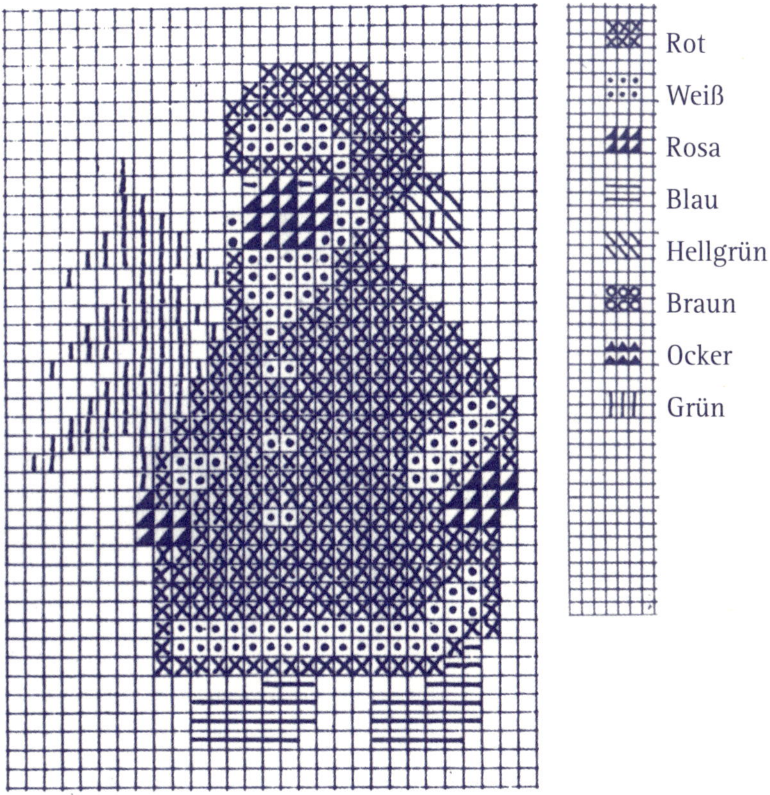

▨	Rot
⠿	Weiß
⫽	Rosa
☰	Blau
⫽⫽	Hellgrün
▨	Braun
∿	Ocker
⦀	Grün

Bratäpfelzeit

„ Es ist soweit, Bratäpfelzeit!"

So lautete die Devise einer alten Dame in unserer Familie, und für uns alle, besonders für die Kinder, waren die Bratäpfel der Tante Milli, die es jeweils an den Adventwochenenden gab, ein wahrer Genuss.

Mit den Jahren aber, wir waren den Kinderschuhen längst entwachsen, kamen immer weniger Familienmitglieder zum Bratäpfelessen, die Tante zog zu ihrer Tochter in eine andere Stadt, und die Bratäpfelzeit ging – fast gleichzeitig mit meiner Jugendzeit – zu Ende.

Nicht ganz zu Ende, muss man korrekterweise sagen, denn Tante Milli, auch sonst eine Freundin unkonventioneller Ideen, wollte ihren Lieben auch aus der Ferne eine süße Adventfreude machen.

Sie bemühte dazu die, im vorweihnachtlichen Stress liegende, österreichische Post, mit deren Hilfe sie einigen von uns die geliebten Bratäpfel zukommen ließ. Gebraten, wohlgemerkt, und natürlich entsprechend saftig.

Dass sich Bratäpfel naturgemäß nicht besonders gut zum Verschicken eignen, stellte sich schon vor dem Öffnen der Pakete heraus. Es duftete zwar im ganzen Postgebäude vorweihnachtlich verführerisch, die Äpfel aber bahnten sich triefend ihren Weg durch den Karton, und der Postbote weigerte sich strikt, diese Fracht zuzustellen.

Wir wurden verständigt, unsere „saftigen" Pakete gefälligst selber abzuholen. Essbar waren die Äpfel nicht mehr.

Tante Milli singt längst mit den himmlischen Chören und ver-
süßt jetzt wahrscheinlich den Engelsscharen mit ihren Brat-
äpfeln die Vorweihnachtszeit – da dürften die Postwege auch
leichter zu bewältigen sein als auf der Erde –, ihre Rezepte aber
hat sie uns dagelassen, und die sind es allemal wert, ausprobiert
zu werden.

Bratäpfel mit Himbeeren

(Rezept für Erwachsene)

Äpfel waschen und trocknen, Kerngehäuse mit einem Apfelausstecher entfernen. Auf ein Backblech oder in eine Auflaufform legen.

4 Esslöffel Himbeeren mit etwas Himbeergeist vermischen und in die Äpfel füllen. Im vorgeheizten Backrohr bei 220 Grad etwa 20 Minuten backen. Zucker und Dotter schaumig rühren, die restlichen Himbeeren und den geschlagenen Eischnee unterziehen.

Diese Masse über die Äpfel geben und noch eine Viertelstunde überbacken.

Zutaten:
4 mittelgroße Äpfel
etwas Himbeergeist
tiefgefrorene Himbeeren
2 Eigelb und 2 Dotter
4 EL Zucker

Bratäpfel mit Vanilleeis

(Ein Kindertraum)

Hier werden die Äpfel mit einem Gemisch aus gemahlenen Mandeln und zwei Löffeln Weichselmarmelade gefüllt.

Nach etwa 30 Minuten Backzeit bei 220 Grad aus dem Rohr nehmen. Vor dem Servieren jeden Apfel mit zwei Kugeln Vanilleeis garnieren oder das Eis antauen und über die Äpfel gießen.

In jedem Fall ein Hochgenuss!

Zutaten:
4 mittelgroße Äpfel
50 g gemahlene Man-
  deln
Weichselmarmelade
Vanilleeis

4. Woche

Erfüllung

Den Christbaum schmücken
Den Hauch eines Engels spüren
Gemeinsam feiern
Die Kinder ansehen und glücklich sein …

Weihnachtslied

*Vom Himmel in die tiefsten Klüfte
Ein milder Stern herniederlacht;
Vom Tannenwalde steigen Düfte
Und hauchen durch die Winterlüfte,
Und kerzenhelle wird die Nacht.*

*Mir ist das Herz so froh erschrocken,
Das ist die liebe Weihnachtszeit!
Ich höre fernher Kirchenglocken
Mich lieblich heimatlich verlocken
In märchenstille Herrlichkeit.*

*Ein frommer Zauber hält mich wieder
Anbetend, staunend muss ich stehn;
Es sinkt auf meine Augenlider
Ein goldner Kindertraum hernieder,
Ich fühl's, ein Wunder ist geschehn.*

Theodor Storm

 Dass diese Verse von Theodor Storm am Beginn der vierten Adventwoche stehen, hat einen besonderen Grund.

Dieses Gedicht begleitet mich seit meinem 12. Lebensjahr und ist nicht nur der Inbegriff eines romantischen Weihnachtsgedichtes für mich, es erinnert mich auch an jene Zeit, als ich beschloss, später einmal Schauspielerin zu werden, was ich – anders, als ich es damals gedacht hatte – irgendwie ja doch geworden bin.

Die Geschichte war so: Wir hatten in der Schule ein Weihnachtsspiel einstudiert, mir wurde die Rolle eines der Engel zugeteilt, was mir grundsätzlich schon gefiel, mit meinem Text aber war ich ganz und gar nicht zufrieden. Er lautete:

„Kinder, Kinder habt Geduld, es kommt der Christ in seiner Huld."

Huld! Allein dieses Wort konnte ich schon nicht leiden, erinnerte es mich doch an eine Schulkameradin namens Hulda, blond, langbeinig und arrogant – eine, neben der ich mich immer wie Aschenputtel fühlte. Hulda durfte natürlich die Gottesmutter Maria spielen, und es war nicht zu leugnen, sie machte es sehr gut. Meine Freundin aber beneidete ich. Sie musste sich nicht mit einem einzigen Satz zufrieden geben, sondern durfte als Engel eben dieses wunderbare Gedicht von Theodor Storm vortragen, vorne auf der Bühne stehend. Ich war der Meinung, das sei eine echte Vergeudung von Weltpoesie, ich sprach ihr nämlich jegliches Talent ab, das Gedicht so zu rezitieren, wie es Meister Storm gewollt hätte. Aber es war nichts zu machen, die Rollen waren verteilt, und für mich war nur der „huldvolle" Satz übrig geblieben.

Die Generalprobe ging ohne Pannen über die Bühne, nur ich wurde einmal ermahnt, weil ich auch die Texte der anderen Spieler laut mitsprach – am liebsten hätte ich das ganze Stück allein gespielt.

Bei der Aufführung rezitierte ich meinen Satz mit theatralischen Gesten und einem giftigen Blick auf Hulda, die mir ob ihrer würdigen Rolle als Mutter Maria nur einen viel sagenden Blick zuwarf. Dann war meine Freundin an der Reihe.
Sie ging nach vorne, breitete die Arme – eigentlich die Engelsflügel – aus und begann das Gedicht vorzutragen.
Ich bemerkte noch, wie sie vor Aufregung zitterte, da war es schon ruhig.
„Ein milder Stern herniederlacht ...“, weiter war sie nicht gekommen. Eisiges Schweigen.
Sie stand noch immer mit ausgebreiteten Armen, da fühlte ich meine Stunde gekommen. Mit lauter Stimme sprach ich das Gedicht aus dem Hintergrund, ohne Fehler und sehr feierlich.
Sollte meine Freundin dazu irgendwie die Lippen bewegt haben, was ich natürlich nicht sehen konnte, so wäre sie wohl der erste „Playbackengel“ der Geschichte gewesen.
Bei „Ich fühl's, ein Wunder ist geschehn“, hörte ich den Engel mit den ausgebreiteten Armen laut seufzen, dann kam der Applaus.
Der galt wohl vor allem ihrer Standhaftigkeit, die meisten anderen hätten in so einem Fall fluchtartig die Bühne verlassen.

Es waren nur wenige Besucher, die mitbekamen, wer den Text wirklich gesprochen hatte, aber das spielte für mich keine Rolle mehr.

Meine Rolle hatte ich ja gespielt, und ich war mir sicher, die Ehre von Theodor Storm damit gerettet zu haben.

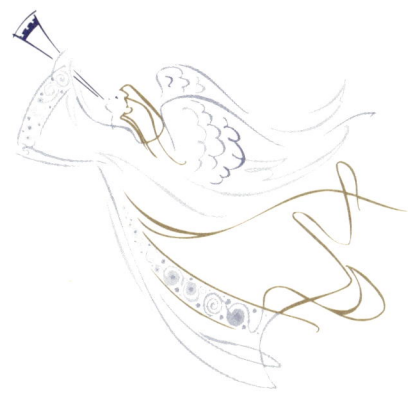

Süße Geschenke

Noch ist es Zeit, in diesen letzten Tagen vor Weihnachten, um die Schleckermäuler in der Familie mit Süßem zu verwöhnen. Ich meine damit nicht die übliche Weihnachtsbäckerei, sondern feine, kleine Spezialitäten, die sich auch als „Beigabe" zu einem Geschenk – zum Beispiel in einem kleinen Säckchen am Geschenksband befestigt – sehr gut machen und vorzüglich schmecken.

Was ich Ihnen empfehle, ist sehr einfach zuzubereiten und könnte unter dem Überbegriff „Kugelige Weihnachtsfreuden" auch in Ihrem Rezeptbuch einen Fixplatz bekommen.

Kokoskugeln

Kokosraspel, Staubzucker und Arrak vermischen, mit geriebener Zitronenschale verfeinern. Kleine Kugeln formen, trocknen lassen und auf ein Kuchengitter legen, wo die Kugeln mit flüssiger Schokoglasur übergossen werden.

Im Kühlschrank zugedeckt zwei Tage kaltstellen, in kleine Säckchen verpacken oder gleich selber essen!

Sie brauchen:
75 g Kokosraspel
100 g Staubzucker
1 EL Arrak
geriebene Zitronen-
schale
100 g Schokoladen-
glasur

Noch ein süßes Geschenk für Erwachsene:

Rumkugeln

 Schokolade schmelzen und mit den anderen Zutaten nach und nach verrühren. Aus der Masse kleine Kugeln formen, die Schokostreusel in einer Schüssel vermischen und die Kugeln darin wälzen. Trocknen lassen, kühl stellen und danach ohne schlechtes Gewissen genießen!
Es ist ja nur einmal pro Jahr Weihnachten!

Sie brauchen:
250 g Bitterschoko-
*   lade*
25 g Butter
1 EL Kondensmilch
1 EL Staubzucker
25 g Kakao
3 EL 54%igen Rum
50 g helle und
*   ebenso viel dunkle*
*   Schokostreusel*

Nur noch ein paar Tage ...

 Wie unterschiedlich empfinden wir doch die Dauer des Wartens!

Solange wir noch Kinder sind, scheinen uns die letzten Tage vor Weihnachten unendlich lang zu sein, für die Erwachsenen fliegen diese Tage nur so dahin, es bleibt kaum Zeit für ein wenig Entspannung, Besinnung, Vorfreude – für all das, was wir uns genau in dieser Zeit jedes Jahr so wünschen und vornehmen.

Dennoch, Raum und Zeit für Wesentliches, nämlich die Suche nach dem echten Weihnachtserlebnis, darf uns einfach nicht fehlen, sonst verkommt der 24. Dezember zum „Geschenkeaustauschtag" ohne tieferen Sinn, auswechselbar und rein aus materieller Sicht ein Festtag.

Die Inhalte des Weihnachtsfestes und die Weihnachtsstimmung sind nicht zu kaufen wie ein beliebiges Geschenk, Weihnachten ereignet sich in uns selber, in einem liebevollen Blick, einem Händedruck, einem Streicheln über die Wange.

Weihnachten bewegt etwas in uns, rührt uns an, ermuntert uns, authentisch, ehrlich und gefühlvoll zu sein.

Passiert das nicht, bleiben wir auf unseren Geschenken, dem wertvoll geschmückten Christbaum und dem guten Essen in Wahrheit sitzen, auch wenn wir all das um viel Geld gekauft und weitergegeben haben.

Damit wir uns recht verstehen: Ich habe nichts gegen ein Fest mit gutem Essen und Geschenken, denn wir alle können und wollen

uns dem Konsum, der uns ja auch viele Freuden bereitet, nicht entziehen.

Das ist auch nicht notwendig, wenn man in der Lage ist, Maß zu halten und nicht aus den Augen zu verlieren, dass es vor allem Traditionen und Bräuche sind, die über die Geschenke hinaus das Weihnachtsfest zu dem machen, was wir schon als Kinder gefühlt haben: zum Fest der Liebe, der Fröhlichkeit, der Freude, der Zusammengehörigkeit.

Weihnachten stellt, wie kaum eine andere Zeit des Jahres, eine innige Verbindung zu Menschen her, die uns nahe sind oder waren.

Deshalb gehört besonders in den letzten Tagen vor dem Weihnachtsfest der Weg auf den Friedhof, zu denen, die uns vorausgegangen sind, für mich dazu. In Ruhe Zwiesprache zu halten, den Geist und die Wärme derer zu spüren, denen man nach wie vor in Liebe verbunden ist, das tut der Seele gut und hilft, sich für kurze Zeit aus der vorweihnachtlichen Hektik auszuklinken, den Dingen wieder ihren wahren Stellenwert zu geben.

Viele Gedanken können da wach werden: Wann wird meine Zeit ablaufen?

Wie viele Weihnachtsfeste darf ich noch erleben?

Kann ich das Alleinsein ertragen, wenn es einmal sein muss?

Wer wird für mich da sein, sich noch für mich interessieren, wenn ich nicht mehr Schritt halten kann mit dem enormen Tempo unserer Zeit?

Wer wird einmal um mich trauern, wem werde ich fehlen?

Kann ich denen, die mich gekränkt, verletzt oder gedemütigt haben, verzeihen? Wird mir verziehen werden?

Wie viele Menschen habe ich in diesem zu Ende gehenden Jahr enttäuscht? Können wir uns versöhnen?

Kann ich mich damit aussöhnen, dass mein Leben ganz anders verlaufen ist, als ich es erhofft habe? Lasse ich andere dafür büßen?

Weihnachten mit dem Kind in der Krippe ist, wenn man es ernst nimmt, kein zuckersüßes Märchenfest, sondern ein ernstes, zutiefst berührendes Ereignis, das uns die Möglichkeit gibt, unseren Schnelllauf durch das Leben etwas einzubremsen und innezuhalten.

Wenn wir das Leben als langen Fluss sehen, der uns manchmal über holprige Steine und durch enge Schluchten führt, so gibt uns Weihnachten den Trost und auch die Sicherheit, dass irgendwann wieder ruhigere Zeiten kommen, ohne Stromschnellen und Gefahr.

Es gibt sehr schöne Möglichkeiten, den Wünschen und Hoffnungen Gestalt zu geben.

Ein Beispiel sei hier genannt: Halbe Nussschalen, gefüllt mit Wachs und einem Kerzendocht, als kleine Hoffnungslichter ins Wasser zu legen und sie mit einem Wunsch, einer Bitte oder einem Danke auf die Reise zu schicken, im Wissen, dass vieles von dem, das uns widerfährt, nicht von uns beeinflusst werden kann, ist so etwas wie ein Akt der Befreiung.

Kleine Lichter treten eine Reise an, deren Weg und Ziel wir nicht kennen – sie sind angewiesen auf guten Wind, so wie wir, Tag für Tag.

Himmlische Sterne

Sterne aus Wachs und Stroh sind nicht nur auf dem Christbaum ein dezenter und gern verwendeter Schmuck, sie eignen sich auch besonders gut als Zierde der Weihnachtspackerln.

Jedes Jahr bleiben einige Kerzenstummel übrig, und genau diese Reste verwende ich zur Herstellung der Wachssterne. Man braucht dazu einige sternförmige Keksformen, die man auf einen glatten Untergrund (Glasplatte, Metallbrett) legt, den man mit etwas Spülmittel einschmiert. Dazu Kerzenstummel, die in einer alten Blechdose erhitzt werden.

Aus dem heißen Wachs die Dochte herausfischen und dann die Sternformen etwa einen Zentimeter hoch ausgießen. Bevor das Wachs fest wird, steckt man einen Zahnstocher in jeden Stern, das ergibt später ein kleines Loch, durch das man den Aufhängefaden ziehen kann. Besonders hübsch sieht es aus, wenn man verschiedene Wachsfarben zusammenmischt. Ich stimme das jeweilige Geschenkpapier dann auf die Farben der Sterne ab – das macht aus jedem Packerl ein Unikat.

Wer lieber mit Stroh arbeitet, muss eine längere Vorbereitungszeit in Kauf nehmen.

Die Strohhalme sollten vor der Verarbeitung nämlich mindestens zwei Stunden ins warme Wasserbad gelegt werden. Dann die Halme vorsichtig aufschneiden und noch feucht glatt bügeln. Durch das Bügeln mit unterschiedlicher Temperatur bekommen

die Strohhalme verschiedene Brauntöne, aber Vorsicht, sie ver-
brennen auch sehr schnell! Man kann natürlich flache und runde
Halme kombinieren, besonders für Anfänger ist es aber leichter,
mit flachen Halmen zu arbeiten, die nicht so leicht wegrutschen.
Das Grundelement besteht aus zwei Halmen, die der Zeichnung
entsprechend gekreuzt und mit Nähgarn verbunden werden.

Dazu braucht man einige Übung und eine ruhige Hand. Ich kom-
me dabei nie ohne Klebstoff aus, der aber nur sehr sparsam ver-
wendet werden darf, sehen sollte man die Klebestelle auf dem
fertigen Stern natürlich nicht.

Sterne mit mehreren Zacken entstehen dadurch, dass man unterschiedlich große Sternelemente übereinander bindet. Sehr edel
sieht es aus, wenn man verschiedenfarbiges Stroh dafür verwen-
det, ich kombiniere gerne naturfarbene mit dunkelroten Stroh-
halmen.

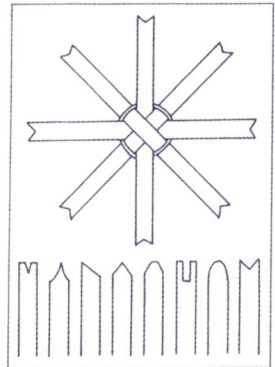

Der kürzeste Tag, die längste Nacht und der Christbaum

Dem heiligen Thomas, dessen Tag am 21. Dezember begangen wird, gehören der kürzeste Tag und die längste Nacht.

Unter all den Jüngern Jesu war Thomas der kritischste, der alles hinterfragte und in Zweifel zog.

Thomas ist der Schutzheilige der Architekten und Geometer, der Zimmerleute und der Steinhauer, und er ist Losheiliger der Bauern.

Es heißt:
Wenn Sankt Thomas dunkel war,
folgt ein gutes Erntejahr!

Zu Beginn des vorigen Jahrhunderts kannte man bei uns noch die Thomasnacht als „Durchspinnnacht", in der junge Mädchen vom Dunkelwerden bis zum Morgengrauen am Spinnrad saßen und so ihr Weihnachtsgeld verdienten.

119

Auch für Liebesorakel ist der heilige Thomas zuständig, und ich erinnere mich sehr gut an einen wunderbaren alten Lehrer, der uns einmal erzählte, seine spätere Ehefrau habe eben in der Thomasnacht davon geträumt, dass sie ihn heiraten werde. Und tatsächlich habe sie der „Liebesheilige" schließlich zusammengeführt.

Ob die junge Frau am Abend zuvor die folgende Beschwörungsformel gesprochen hatte, wissen wir natürlich nicht:

Bettstatt i tritt di,
Thomas, i bitt di,
lass mir erschein'
den Liabsten mein!

Für mich ist der Thomastag alljährlich jener Tag, an dem ich den Christbaum ins Haus hole.

Seit einigen Jahren mache ich am Heiligen Abend bis zum späten Nachmittag Dienst, die Arbeit (nein, die Freude) des Christbaumschmückens muss daher schon einige Tage vorher erledigt werden.

All das obliegt nur mir, wiewohl mir meine „Männer" immer wieder Hilfe und Unterstützung dabei anbieten. Vor allem, weil sie wissen, dass der Christbaum jedes Jahr zu groß ist und ich daher auch alljährlich mit der Säge zu Werke gehe, um ihn auf Zimmerhöhe zu bringen.

Aber auch das gehört bei uns zur Familientradition, wie die Tatsache, dass niemand den Christbaum vor der Bescherung zu sehen bekommt.

Übrigens gibt es bei mir keine „modisch gestylten" Christbäume. Im Gegenteil, all das, was die Kinder und ich im Laufe der vergangenen Jahrzehnte gebastelt haben, was ich geschenkt bekommen habe oder noch von den Großeltern aufgehoben – alles bekommt alljährlich wieder seinen Platz.
Und mit jedem Stück, das ich auf den Baum hänge, gebe ich auch bestimmten Erinnerungen oder Begebenheiten ihre Wertigkeit. Ein in jeder Hinsicht wertvoller Weihnachtsschmuck also, der unseren Christbaum ziert.

Auf eine ganz wunderbare Idee hat mich eine Freundin gebracht.
Wenn am Heiligen Abend die Kerzen angezündet werden, so sollte jede einzelne einem Menschen, der uns nahe steht, gewidmet werden.
Jeder soll sagen, für wen er eine Kerze entzündet, für Lebende oder Verstorbene, für Nahe oder Entfernte.
An der Anzahl der Kerzen ersehen wir, wie viele wir mit einbeziehen wollen in unser Weihnachtsfest und unser Leben. Und wenn alle Kerzen brennen, sind wir mit allen verbunden, die uns wertvoll sind.

Nicht wegzudenken ist für mich auch die Weihnachtskrippe, die meine schon lang verstorbene Großtante vor vielen Jahrzehnten selbst gemacht hat und die ich alle Jahre wieder, mit frischem Reisig verziert, aufstelle.

Von ganz besonderem Wert sind auch jene Erzählungen, die uns erfahren lassen, wie Menschen vor vielen Jahrzehnten Weihnachten gefeiert haben. Sie geben uns Einblick in eine Welt, die längst versunken ist, in der man materiell gesehen wenig hatte und dennoch in vielerlei Hinsicht mehr besaß als wir heute.

Unser erster Christbaum

Es waren die ersten Weihnachtsferien meiner Studentenzeit. Wochenlang hatte ich schon die Tage, endlich die Stunden gezählt bis zum Morgen der Heimfahrt von Graz ins Alpel. Und als der Tag kam, da stürmte und stöberte es, dass mein Eisenbahnzug stecken blieb. Da stieg ich aus und ging zu Fuß, frisch und lustig, sechs Stunden lang durch das Tal, wo der Frost mir Nase und Ohren abschnitt, dass ich sie gar nicht mehr spürte. Durch den Bergwald hinauf, wo mir so warm wurde, dass die Ohren auf einmal wieder da waren und heißer als je im Sommer.

So kam ich, als es schon dämmerte, glücklich hinauf, wo das alte Haus, schimmernd durch Gestöber und Nebel, wie ein verschwommener Fleck stand, einsam mitten in der Schneewüste. Als ich eintrat, wie war die Stube so klein und niedrig und dunkel und warm – urheimlich. In den Stadthäusern verliert man ja allen Maßstab für ein Waldbauernhaus. Aber man findet sich gleich hinein, wenn die Mutter den Ankömmling ohne Umstände so grüßt: „Na, weilst nur da bist!"

Auf dem offenen Steinherd prasselte das Feuer, in der guten Stube wurde eine Kerze angezündet. „Mutter, nit!" wehrte ich ab, „tut lieber das Spanlicht anzünden, das ist schöner." Sie tat's aber nicht. Das Kienspanlicht ist für die Werktage. Weil nach langer Abwesenheit der Sohn heimkam, war für die Mutter Feiertag geworden. Darum die festliche Kerze.

Als die Augen sich an das Halblicht gewöhnt hatten, sah ich auch das Nickerl, das achtjährige Brüderlein. Es war das jüngste und

letzte. „Ausschauen tust gut!" lobte die Mutter meine vom Gestöber geröteten Wangen. Der kleine Nickerl aber sah blass aus.
„Du hast ja die Stadtfarb, statt meiner!" sagte ich und habe ge-
lacht. Die Sache war so. Der Kleine tat husten, den halben Winter
schon. Und da war eine alte Hausmagd, die sagte es täglich we-
nigstens dreimal, dass für ein „hustendes Leut" nichts schlechter
sei als „der kalte Luft". Sie verbot es, dass der Kleine hinaus vor
die Türe ging. Ich glaube, deshalb war er so blass, und nicht des
Hustens halber.

In der dem Christfest vorhergehenden Nacht schlief ich wenig
– etwas Seltenes in jenen Jahren. Die Mutter hatte mir auf dem
Herde ein Bett gemacht mit der Weisung, die Beine nicht zu weit
auszustrecken, sonst kämen sie in die Feuergrube, wo die Kohlen
glosten. Die glosenden Kohlen waren gemütlich, das knisterte
in der stillfinsteren Nacht so hübsch und warf manchmal einen
leichten Glutschein an die Wand, wo in einem Gestelle die bunt
bemalten Schüsseln lehnten. Da war ein Anliegen, über das ich
schlüssig werden musste in dieser Nacht, ehe die Mutter an den
Herd trat, um die Morgensuppe zu kochen. Ich hatte viel spre-
chen gehört davon, wie man in den Städten Weihnacht feiert.
Da sollen sie ein Fichtenbäumchen, ein wirkliches kleines Fichtenbäumchen aus dem Wald, auf den Tisch stellen, an seinen
Zweigen Kerzlein befestigen, sie anzünden, darunter sogar Geschenke für die Kinder hinlegen und sagen, das Christkind hätte
sie gebracht.

Nun hatte ich vor, meinem kleinen Bruder, dem Nickerl, einen Christbaum zu errichten. Aber alles im geheimen, das gehört dazu. Nachdem es so weit taglicht geworden war, ging ich in den frostigen Nebel hinaus. Und just dieser Nebel schützte mich vor den Blicken der ums Haus herum arbeitenden Leute, als ich vom Walde her mit einem Fichtenwipfelchen gegen die Wagenhütte lief.

Dann war es Abend. Die Gesindleute waren noch in den Ställen beschäftigt oder in den Kammern, wo sie sich nach der Sitte des Heiligen Abends die Köpfe wuschen und ihr Festgewand herrichteten. Die Mutter in der Küche buk die Christtagskrapfen, und der Vater mit dem kleinen Nickerl besegnete den Hof. Hatte nämlich der Vater in einem Gefäß glühende Kohlen, hatte auf dieselben Weihrauch gestreut und ging damit durch alle Räume des Hofes, um sie zu beräuchern und dabei schweigend zu beten. Es sollten böse Geister vertrieben und gute ins Haus gesegnet werden. Dieweilen also die Leute draußen zu tun hatten, bereitete ich in der großen Stube den Christbaum. Das Bäumchen, das im Scheite stak, stellte ich auf den Tisch. Dann schnitt ich vom Wachsstock zehn oder zwölf Kerzchen und klebte sie an die Ästlein. Unterhalb, am Fuße des Bäumchens, legte ich einen Wecken hin.

Da hörte ich über der Stube auf dem Dachboden auch schon Tritte – langsame und trippelnde. Sie waren schon da und segneten den Bodenraum. Bald würden sie in der Stube sein, mit

der wir den Rauchgang zu beschließen pflegten. Ich zündete die Kerzen an und versteckte mich hinter dem Ofen.

Die Tür ging auf, sie traten herein mit ihren Weihgefäßen und standen still. „Was ist denn das?" sagte der Vater mit leiser, langgezogener Stimme. Der Kleine starrte sprachlos drein. In seinen großen, runden Augen spiegelten sich wie Sternlein die Christbaumlichter. – Der Vater schritt langsam zur Küchentür und flüsterte hinaus: „Mutter, Mutter! Komm ein wenig herein." ... „Maria und Josef!" hauchte die Mutter. „Was lauter habens denn da auf den Tisch getan?" Bald kamen die Knechte und die Mägde herbei, hell erschrocken über die seltsame Erscheinung. Da vermutete einer, ein Junge, der aus dem Tal war: Es könnte ein Christbaum sein ...

Sollte es denn wirklich wahr sein, dass Engel solche Bäumlein vom Himmel bringen? – Sie schauten und staunten. Und aus des Vaters Gefäß qualmte der Weihrauch und erfüllte schon die ganze Stube, so dass es war wie ein zarter Schleier, der sich über das brennende Bäumchen legte.

Die Mutter suchte mit den Augen in der Stube herum: „Wo ist denn der Peter?" Da erachtete ich es an der Zeit, aus dem Ofenwinkel hervorzutreten. Den kleinen Nickerl, der immer noch sprachlos und unbeweglich war, nahm ich an den kühlen Händchen und führte ihn vor den Tisch. Fast sträubte er sich. Aber ich sagte – selber tief feierlich gestimmt – zu ihm: „Tu dich nicht fürchten, Brüderl! Schau, das lieb Christkindl hat dir einen Christbaum gebracht. Der ist dein."

Und da hub der Kleine an zu wiehern vor Freude und Rührung, und die Hände hielt er gefaltet wie in der Kirche.

Öfter als vierzigmal seither habe ich den Christbaum erlebt, mit mächtigem Glanz, mit reichen Gaben und freudigem Jubel unter Großen und Kleinen. Aber größere Christbaumfreude, ja eine so helle Freude hab ich noch nicht gesehen, als jene meines kleinen Brüderleins Nickerl – dem es so plötzlich und wundersam vor Augen trat – ein Zeichen dessen, der da vom Himmel kam.

Peter Rosegger

Es ist soweit ...

 Der Höhepunkt und gleichzeitig das Ende der „himmlischen Zeit", der Heilige Abend, ist da.

Das Fest kann beginnen, die Kerzen am Baum werden angezündet, die alten Lieder gesungen, das Festessen aufgetischt.

Eine große Freude, aber auch ein wenig Wehmut verspüre ich jedes Mal am Heiligen Abend. Freude, wenn wir Weihnachten gesund feiern können. Wehmut darüber, dass wir nicht alle an einem Tisch beisammen sitzen können, dass die Familie in alle Winde verstreut ist.

Ein wenig Wehmut wohl auch, weil die schöne stimmungsvolle Zeit des Advents, so anstrengend sie auch manchmal sein kann, wieder einmal vorbei ist, diese Zeitspanne der Besinnung, der Einkehr und Ruhe wieder dem Alltag und den Anforderungen eines neuen Jahres Platz machen muss.

Nach den Feiertagen, wenn alle Pakete ausgepackt und die Spielsachen ausprobiert sind, wenn die ersten Umtäusche gemacht und die Weihnachtsbäckerei aufgegessen ist, hat uns der Alltag wieder.

Und das ist gut so, denn auch der Wert dieser besonderen, von mir so geliebten „Himmlischen Zeit" liegt in ihrer Begrenztheit.

Zum guten Ende noch Gedanken von Martha Wölger, die uns über das Weihnachtsgeschehen hinausführen, im Wissen, dass sich Weihnachten nur dann wirklich ereignet, wenn auch in uns ein Umdenken und Neubeginnen möglich wird.

Herr, wia wird's sein?

Herr, wia wird's sein, wannst wieder kimmst
und wannst dei Herrschaft übernimmst
und Erd und Himml wirst regiern?
Ob ma zur rechtn Zeit wohl gspürn,
wia weit ma san in Welt-Advent –
ob schon die vierte Kirzn brennt?

Herr, wia wird's sein? Du host uns gsogt,
was vorher olls die Menschheit plogt,
dass Angst wird sein, wia nia zuvor,
seit dass die Welt erschaffn woar.
Mir san so friedlos, hom koa Ruah
und holtn Ohrn und Augn zua,
mir wölln nix hörn und wölln nix sehgn
und wissen denna: Es wird gschehgn!

Herr, wia wird's sein in dera Zeit,
wannst wiederkimmst in Herrlichkeit?
Wannst kimmst, nit wia ban erschtnmol
ols hilflos's Kindl in an Stoll,
wannst kimmst, dass Welt und Sternenmeer
derkennt und woaß: Du bist es, Herr!

Herr, wia wird's sein vorn großn Gricht?
Was fallt dann noh für uns ins Gwicht?
Was geschaffn hat dei Wort und Willn,
mir homs verluadert, werns verspieln!
Was mit dein Segn joahrtausndlong
is worn und gwochsn: müad und krank,
es muaß verkemma und verderbn –
is's Wasser gifti, Wold zan Sterbn.
Schon zittert unser Weltnhaus,
a Druck am Knopf – und olls is aus,
nur weil mir Menschnzwerg, mir kloan,
olls kinnan, derfn, wia ma moan ...

Herr, wann in großn Welt-Advent
die vierte Kirzn niederbrennt,
dann gib ah uns den Engl mit,
der domols gsogt hot: „Fürchts enk nit!"

Martha Wölger

Quellenhinweise

Der Verlag dankt den Autoren und Rechteinhabern für folgende Abdruckgenehmigungen:

Georg Frena, Graz, für: Alois Hergouth, Ein Krampus zuviel
Vim van der Kallen, St. Margarethen b. Seckau, für: Foto Laterne
Pert Peternell, für: Da Muata ihr Kletznbrot, aus:
 Am Quell der Muttersprache. Stiasny Verlag, Graz, 195o.
Leopold Stocker Verlag, Graz, für: Hans Kloepfer, Nikolo
Christian Vasold, Graz, für: Paula Grogger, Hirtenlied
Christian Wölger, Stainach (im Namen seiner Geschwister),
 für Martha Wölger: A Bleamerl blüaht;
 Herr, wia wirds sein? (Homepage: w.w.w.woelger.net)

Gewinnen kann nur, wer nicht aufgibt.

Als Christine Brunnsteiner mit der Diagnose „Brustkrebs" konfrontiert wird, beschließt sie, sich diesem Kampf zu stellen: Die Aufzeichnungen in ihrem Tagebuch sollen Betroffenen Mut machen und den Gesunden vor Augen führen, wie wichtig es ist, bewusst zu leben.

Christine Brunnsteiner
BRUST HERAUS
Das Tagebuch einer optimistischen Krebspatientin

110 Seiten, Hardcover
ISBN 3-222-12853-7 • € 14,90/sFR 27,–

:STYRIA

Wer nicht genießt ist ungenießbar

Christine Brunnsteiner präsentiert ihr persönliches Erfolgsrezept mit vielen Vitaltipps: Hören Sie auf Ihren Körper und verwöhnen Sie ihn, erkennen und genießen Sie Ihre ganz privaten Glückserlebnisse!

Christine Brunnsteiner
GESUND MIT GENUSS
wie frau sich wohlfühlt

120 Seiten, durchgehend Farb- und SW-Abbildungen, Hardcover
ISBN 3-222-13109-0 • € 14,90/sFR 27,-

:STYRIA

Damals auf der **Alm**

Die Erinnerungen alter Sennerinnen und Halter werden wach, es ist, als würden wir mit ihnen in einer Almhütte sitzen und ihren Geschichten von harter Arbeit und ausgelassenen Späßen lauschen. Genussvolle Rezepte und originale Gedichte machen diesen liebevoll ausgestatteten Bildband zu einem prächtigen Geschenk.

Inge Friedl
AUF DER ALM
Wie's früher einmal war

144 Seiten, 112 Abbildungen, Hardcover
ISBN 3-222-12979-7 • € 24,90/sFR 45,-

... **Vater sein** dagegen sehr

Mit unwiderstehlichem Humor lässt uns Gottfried Hofmann-Wellenhof teilhaben an den Gedanken, Gefühlen, Zweifeln und Freuden seines Vater-Daseins. In 58 neuen Abenteuern lesen Sie, was uns alle zu Hause begeistert - oder ins Chaos stürzt. Es sind 58 ebenso komische wie rührende Geschichten über das turbulente Leben mit neun Kindern.

Gottfried Hofmann-Wellenhof
EINE FAMILIE VOLL LEBEN
58 turbulente Abenteuer eines Vaters

152 Seiten, 58 Karikaturen von Walter Titz, Hardcover
ISBN 3-222-12976-2 • € 14,90/sFR 27,-

Musik und Texte der CD